Catherine Tennant

STERN
STUNDEN

Deutsch von
Holger Fliessbach

Wunderlich

Die Originalausgabe erschien 1993 unter dem Titel
THE BOX OF STARS im Verlag Chatto & Windus, London

1. Auflage 1994
Copyright © 1994 by Rowohlt Verlag GmbH,
Reinbek bei Hamburg
THE BOX OF STARS Text Copyright © 1993 by Catherine Tennant
Alle deutschen Rechte vorbehalten
Satz aus der Bauer Bodoni
von Utesch Satztechnik GmbH, Hamburg
Gedruckt und gebunden in China
ISBN 3 8052 0565 1

Inhalt

Einleitung

Die Betrachtung der Sterne ist so alt wie die Menschheit selbst. Suchen wir heute die teilweise vier- bis fünftausend Jahre alten Konstellationen am Himmel auf, so sehen wir die Welt wieder so, wie die ältesten uns bekannten Ahnen des Menschengeschlechts sie gesehen haben. Wir treten ein in jene uralte «Traumzeit», da der Mensch zum erstenmal seine Mythen, die Bilder, die aus der Tiefe seiner Seele emporstiegen, an den Himmel projizierte.

Die Sterne selbst waren natürlich schon immer da, seit unvordenklicher Zeit, aber von den 88 von Menschen erfundenen Konstellationen, die 1930 offiziell registriert und weltweit verbindlich katalogisiert wurden, waren Claudius Ptolemäus im 2. Jahrhundert n. Chr. erst 48 bekannt. Der Himmel ist bevölkert von lebenden Symbolen, und sie alle erzählen ihre eigene, zeitlose Geschichte: von Orion, dem Jäger, der einer der schönsten Männer war, die die Erde getragen hat, und der erblindete und durch einen Blick in die aufgehende Sonne wieder sehend wurde; von Serpentarius, dem Schlangenträger, der die Schlange der Heilkunst und der Wiedererweckung vom Tode bändigt; von Bootes, dem Ochsentreiber, der die Bären um den Pol führt. Die moderne Naturwissenschaft aber belehrt uns, daß unser sternglitzerndes Firmament noch in einer anderen Hinsicht zeitlos ist. Bis zum 16. Jahrhundert glaubten die Menschen, daß die Sterne, die sie zu Bildern ordneten, nahe beieinanderstanden und der Erde nicht fern waren. Heute wissen wir, daß oft Jahrhunderte die Augenblicke trennen, in denen die einzelnen Sterne uns ihr Licht zusenden, daß das Universum nirgends an eine Grenze stößt und daß es bevölkert ist von schwarzen Löchern und wirbelnden Galaxien.

In dem vorliegenden Büchlein, das keinen wissenschaftlichen Anspruch erhebt, habe ich versucht, diese beiden ganz verschiedenen Betrachtungsweisen des Sternhimmels zusammenzubringen. Bei jeder Bildtafel berichte ich zunächst über die Mythen und Legenden, die mit der betreffenden Konstellation verbunden sind; unter dem Stichwort «Die Sterne» folgen dann nicht nur Geschichten und Überlieferungen zu den einzelnen Sternen des jeweiligen Bildes, sondern alle naturwissenschaftlichen Informationen, die geeignet scheinen, das Staunen und die Ehrfurcht zu steigern, womit wir an das Himmelsgewölbe blicken. Als letztes kommt ein Hinweis zur «Lokalisierung»; in Verbindung mit den Bildtafeln und der Beschreibung des jahreszeitlichen Sternhimmels erleichtert er das Auffinden der jeweiligen Konstellation am Himmel.

Im Altertum war der Sternenkult fast auf der ganzen Erde verbreitet. Fast überall galt die Milchstraße als der Weg, den die Toten gehen, um in ihre wahre Heimat bei den unsterblichen Sternen zurückzukehren. Auch Aristoteles und Cicero verehrten die göttlichen Sterne. Die Urchristen sahen in ihnen lebendige Wesen; die Cherubim waren die Fixsterne. Lange zuvor schon hatte man Tempel und Grabbauten an der Position der Sterne orientiert, so die Cheopspyramide in Gise und das Heiligtum der vielbrüstigen Ephesischen Artemis (in der heutigen Türkei). Nach einem griechischen Schriftsteller des 4. nachchristlichen Jahrhunderts sind die Sterne der Urquell aller Mythologie: «Die Alten aber glaubten, daß die Sage von Isis und Osiris und alle anderen Erdichtungen (dieser Art) von den Sternen, ihrer Stellung zueinander und ihrem Aufgang und Untergang herrührten.»

Dem Menschen der Frühzeit, dem Nomaden, muß das Himmelsgewölbe in der Tat geheimnisvoll und allgewaltig erschienen sein, und von einem Geschlecht zum nächsten gab man getreulich weiter, was man aus der Beobachtung der Sternengötter, die den Gang der Jahreszeiten begleiteten, gelernt hatte. Seßhafter Ackerbau, der vorausschauend wirtschaften mußte, und menschlicher Wissensdrang, der den Willen der Götter zu ergründen und ihren Zorn zu besänftigen suchte, führten zu Vorformen des Kalenders und zu den Anfängen von Astrologie und Astronomie, die bis in die jüngste Zeit eine einzige Wissenschaft von der Himmelskunde gebildet haben.

Andere Kulturen haben ganz andere Götter und Geister in den Zufallsfiguren des Firmaments entdeckt, woraus, wie manche glauben, nicht nur die uns bekannten Sternbilder, sondern auch die ersten Alphabete entstanden sein sollen. Ein Himmelsbild aber, das bei fast allen Völkern bekannt ist, ist das große Rad des Zodiakus – wobei die Tiere variieren –, das sich um einen ruhenden Pol dreht. Dieses gestirnte Band um den Himmelsäquator, auf dem die Sonne, der Mond und alle Planeten ihre Bahn ziehen, war im indischen Rig-Veda das «zwölfspeichige Rad», das um den Polarstern kreiste, den «Drehpunkt der Planeten». Da der Zodiakus Hauptschauplatz des Geschehens am Himmel ist, wurde dieser Teil des Firmaments als erster gründlich erforscht und mit mythischen Qualitäten ausgestattet, in denen sich der Wechsel der Jahreszeiten widerspiegelte. Im Laufe der Zeit verglich man sorgfältig das Zusammentreffen von Ereignissen auf der Erde mit den Bewegungen der Planeten sowie mit Sonnen- und Mondfinsternissen und führte darüber Buch. Um 700 v. Chr. meldet ein Sternkundiger in der Stadt Babylon, die sich von Omina leiten ließ: «In diesem Monat kam ein Fuchs in die Stadt... die Preise in diesem Monat waren... der Mond war von einem Hof umgeben, und darin standen die Plejaden... man sah rötliche Wolken im Westen... am 22. gab es ein Erdbeben, Merkur stand dreieinhalb Ellen hinter dem Schwanz des Ziegenfisches [Steinbocks].»

Im Laufe der Jahrhunderte wurde das System der Astrologie immer komplizierter; seinen Höhepunkt erreichte es in der Renaissance, als Katharina von Medici sich von dem prophetischen Seher Nostradamus beraten ließ und Elisabeth I. ihren mysteriösen Doktor Dee hatte, der unter anderem mit einem Geheimdienst auf telepathischer Basis experimentierte. Die Astrologie mußte den Beginn ihres Niedergangs erleben, als Kopernikus entdeckte, daß die Erde sich um die Sonne dreht, und erhielt den Todesstoß durch Galilei, der beim Blick durch sein Fernrohr keine Engel sah, sondern die Krater und Berge des Mondes erkannte. Das Zeitalter der Vernunft und der Astronomie hatte begonnen. Zwei Jahrhunderte lang blieb es still um die Astrologie; dann gelangte sie, Ende des 19. Jahrhunderts, zu neuer Blüte.

Aber so wichtig der Zodiakus ist, er liefert doch nur zwölf der vielen Konstellationen, die von Pol zu Pol den Himmel bedecken und das Firmament mit dem Formenschatz der menschlichen Seele schmükken. Das Bild des Sternhimmels, das diese Tafeln vermitteln, haben Bauern und Gelehrte, Seefahrer und Astronomen zu allen Zeiten vor Augen gehabt, und schon 5000 v. Chr. erhielt es an den Ufern von Euphrat und Tigris seine heutige Gestalt. Aber auch die alten Hochkulturen an Nil und Ganges haben ihren Beitrag geleistet. Das klassische Griechenland hat manche der alten Mythen verändert und mit seinen eigenen verquickt; doch ist hinter den bekannten griechischen Sternsagen aus späterer Zeit oft noch die älteste, babylonische Anschauung des Himmels auszumachen.

Die älteste Beschreibung des Sternengewölbes, die wir besitzen, geht etwa auf das Jahr 2000 v. Chr. zurück; damals hatten bereits 43 der 48 Konstellationen, die Ptolemäus im 2. Jahrhundert n. Chr. beschrieb, die Form, die wir heute kennen. Schon früh ließen sich die Araber von den Sternen führen, wenn sie durch ewige, weglose Wüsten zogen; nicht anders zogen die mediterranen Völker ihre Bahn durch das Meer. Doch waren es die Astronomen Bagdads im 8. Jahrhundert, die zu einer Zeit, als Europa in geistiger Finsternis versank, die Fackel des Wissens nicht verlöschen ließen. Mehr an einzelnen Sternen als an ganzen Sternbildern interessiert, haben sie vielen Sternen ihren uns fremdartig anmutenden Namen gegeben.

Nach Claudius Ptolemäus gab es 1300 Jahre lang nur wenige Veränderungen am Sternenhimmel, bis der Tatarenfürst Ulug-Beg (1394–1449), ein Enkel des großen Tamerlan, in Samarkand seine neuen astronomischen Tafeln veröffentlichte. Doch erschienen in Europa direkte Übersetzungen astronomischer Werke aus dem Griechischen im 16. und 17. Jahrhundert, als sich mit Kopernikus und Galilei unser Weltbild wandelte.

In den letzten hundert Jahren hat man jene figürlichen Darstellungen, die auf diesen Bildtafeln und auf den Sternkarten früherer Zeiten zu sehen sind, im Interesse der Richtigkeit und Präzision aus astronomischen Werken verbannt. Unsere abendländische Weise, die Sternbilder zu sehen, verdanken wir keinem Geringeren als Dürer: Er veröffentlichte im 16. Jahrhundert zwei Sternkarten, die dann in der einen oder anderen Form von allen folgenden Sternatlanten übernommen wurden. Wer die älteren Konstellationen geschaffen hat und warum ihre Konturen sich so wenig mit den dazugehörigen Sternen decken, wird wohl für immer ein Geheimnis bleiben. Beim Studium dieser Überlieferungen muß man auch bedenken, daß durch die Bewegung der Erdachse, die einmal in 25 700 Jahren eine Schwingung um die

Senkrechte der Erdbahnebene beschreibt, die Sterne nicht mehr zu genau derselben Zeit im Jahr auf- und untergehen wie im Altertum. Leider stehen auch die antiken Tempel nicht mehr in exakter Ausrichtung zu den Sternen, zu deren Ruhm sie erbaut worden waren.

Zwar soll der ägyptische Pharao Neku schon 600 v. Chr. eine phönikische Flotte zur Umrundung des Horns von Afrika entsandt haben, doch aufgenommen wurde der südliche Sternhimmel erstmals im 16. Jahrhundert, im Gefolge der holländischen Entdeckungsreisen. 1603 war es dann der Astronom Johann Bayer, der in den eben entdeckten Himmelsregionen exotische Vögel und Tiere verstirnte, so daß jetzt Paradiesvogel und Tukan, Phönix und Fliegender Fisch, Chamäleon und Kranich rund um den Himmelssüdpol ihr Wesen treiben. Nicolas Lacaille, «der wahre Kolumbus des südlichen Himmels», fügte um 1750 eine Reihe menschlicher Werkzeuge hinzu: Kompaß, Grabstichel, Mikroskop und Staffelei, aber auch den Tafelberg am Kap der Guten Hoffnung, von wo aus er zum erstenmal den südlichen Sternhimmel beobachtete. Da die hier vorgelegten Sternkarten vornehmlich für den Benutzer auf der nördlichen Hemisphäre bestimmt sind, wurden neunzehn dieser zirkumpolaren Konstellationen des Südens ausgelassen, zumal sie keinen echten mythologischen Gehalt besitzen. 44 der aufgenommenen Sternbilder sind jedoch auch in südlichen Breiten zu sehen.

Die hier vorgelegten, ursprünglich von Hand gemalten Bildtafeln wurden um 1825 von einer nicht genannten «Lady» erfunden und unter dem Titel *Urania's Mirror*, nach der griechischen Muse der Astronomie, in London veröffentlicht. Sie eröffnen eine originelle und bequeme Möglichkeit, sich mit dem Sternhimmel vertraut zu machen. Die lateinischen Namen der Sternbilder wurden beibehalten, da sie in der modernen Astronomie gebräuchlich sind. Um jedoch dem Leser das Aufsuchen von Sternbildern und Bildtafeln zu erleichtern, wurde dem Buch ein zweisprachiges Sternlexikon beigegeben.

Zum Gebrauch der Bildtafeln

Die Tafeln und das Begleitbuch sind leicht zu benutzen. In jeder Tafel befindet sich eine Reihe unterschiedlich großer Löcher, die die einzelnen großen und kleinen Sterne in jedem Sternbild markieren. Sie glitzern, wenn man die Tafeln gegen das Licht hält, so daß man sich mit ihrer Hilfe darin üben kann, die Form der verschiedenen Konstellationen zu erkennen und sie am Himmel wiederzufinden.

Da die Erde sich um ihre eigene Achse dreht und zugleich eine jährliche Kreisbahn um die Sonne beschreibt, sind die verschiedenen Sterne nicht zu jeder Zeit des Jahres sichtbar. Auf den Seiten 16 bis 25 findet der Leser Beschreibungen des Nachthimmels der nördlichen und der südlichen Hemisphäre und dazu, nach Jahreszeiten geordnet, Listen der zu benutzenden Sterntafeln. Die jeweils aufgelisteten Sterne sind diejenigen, die in der betreffenden Jahreszeit am besten zu sehen sind; oft sind daneben auch andere Konstellationen sichtbar.

Der Leser beginne mit den hellsten Sternen und Konstellationen und präge sich zwei oder drei davon gründlich ein. Man kann die Tafeln auch unter freiem Himmel benutzen – durch rötliche Beleuchtung vermeidet man es dabei, geblendet zu werden –, aber besser ist es, sich mit den Sternmustern zuerst einmal in aller Ruhe zu Hause vertraut zu machen.

Der Hauptteil des Begleitbuches erläutert der Reihe nach alle Tafeln und enthält weitere Hinweise zum Auffinden der betreffenden Sterne und Konstellationen. Oft steht ein Sternbild monatelang am Himmel, wobei es langsam nach Westen rückt. Bei den Angaben zur Lokalisierung von Sternen gilt als angenommene Beobachtungszeit 22.30 Uhr (23.30 Uhr Sommerzeit).

Die Sternkarten

Die Sternkarten der nördlichen und südlichen Hemisphäre sollen dem Leser die relative Position der Sternbilder zueinander verdeutlichen.

Man kann sie auch zu Rate ziehen, um festzustellen, in welcher Jahreszeit welche Sterne am besten zu sehen sind. Zu diesem Zweck muß man die Karte so drehen, daß der aktuelle Monat unten steht. Dann sieht man, welche Sternbilder am besten zu erkennen sind, wenn man zwischen 22 und 23 Uhr Ortszeit in der nördlichen Hemisphäre nach Süden, in der südlichen Hemisphäre nach Norden blickt. Für jede Stunde früher muß man auf der nördlichen Hemisphäre die Karte um 15° im Uhrzeigersinn drehen; für jede Stunde später muß man sie um 15° gegen den Uhrzeigersinn drehen. In der südlichen Hemisphäre ist es genau umgekehrt: Hier muß man die Karte für jede Stunde früher um 15° gegen den Uhrzeigersinn drehen und für jede Stunde später um 15° im Uhrzeigersinn.

Die Buchstaben auf den Bildtafeln

Auf den Bildtafeln ist der hellste Stern jedes Sternbilds mit dem griechischen Buchstaben α gekennzeichnet, der zweithellste mit β usw. Sind die 24 Buchstaben des griechischen Alphabets aufgebraucht, geht es mit kleinen römischen Buchstaben weiter – a, b, c usw. –, danach mit römischen Großbuchstaben, A, B, C usw. Die Schreibung der Sternnamen auf den Karten ist die des 19. Jahrhunderts und weicht manchmal von der heutigen ab, die gelegentlich aus Gründen der Klarheit bevorzugt wurde.

Die nördliche Hemisphäre

Zirkumpolarsterne

Diese Sternbilder in der Umgebung des Himmelsnordpols sind in normalen nördlichen Breiten *das ganze Jahr über sichtbar.* Am hellsten und am leichtesten zu erkennen sind die Große Bärin, URSA MAJOR, auch als Großer Wagen oder Pflug bekannt, und die charakteristische, W-förmige CASSIOPEIA; man übe sich also zunächst im Auffinden dieser Bilder, bevor man versucht, die anderen zu suchen.

Zum Auffinden des Polarsterns, POLARIS, der den Schwanz der Kleinen Bärin, URSA MINOR, bildet, verlängert man die Linie von Merak zu Dubhe, den Sternen auf dem Rücken der Großen Bärin, URSA MAJOR, um ihr Fünffaches, bis man auf den Polarstern stößt.

Auf die Große Bärin, URSA MAJOR, folgen als Zirkumpolarsterne im Uhrzeigersinn der Drache, DRACO, und die Kleine Bärin, URSA MINOR. Als nächstes kommen, der Großen Bärin, URSA MAJOR, fast gegenüberstehend, der CEPHEUS und die CASSIOPEIA.

Die Giraffe, CAMELOPARDALIS, und der Luchs, LYNX, sind zwei moderne Konstellationen. Sie sind von geringerem Interesse, weil sie keine hellen Sterne enthalten. Sie liegen zwischen der CASSIOPEIA und der Großen Bärin, URSA MAJOR, und beschließen den Kreis.

Zu den Zirkumpolarsternen rechnet man auch die Eidechse, LACERTA, die neben der CASSIOPEIA liegt, und die Jagdhunde des BOOTES, CANES VENATICI, unmittelbar südlich vom Schwanz der Großen Bärin, URSA MAJOR.

Dazugehörige Bildtafeln

Camelopardalis · Tafel 2	Draco und Ursa minor · Tafel 1
Canes venatici · Tafel 10	Lacerta · Tafel 14
Cassiopeia · Tafel 3	• Lynx · Tafel 8
Cepheus · Tafel 4	Ursa major · Tafel 9

Der Sternhimmel im Winter

An Winterabenden steht das große Sternbild des ORION im Süden. Zur Lokalisierung des ORION bediene man sich der Sternkarte der nördlichen Hemisphäre. Hat man ihn einmal gefunden, findet man auch Sirius im Großen Hund, CANIS MAJOR, der dem ORION auf den Fersen folgt, sowie Aldebaran im Stier, TAURUS, und Castor und Pollux in den Zwillingen, GEMINI. Capella im Fuhrmann, AURIGA, steht fast genau im Zenit. Tief über dem östlichen Horizont steht Regulus, der Hauptstern des Löwen, LEO. Die Große Bärin, **Ursa major**[1], steht im Nordosten, das große Quadrat des PEGASUS im Westen. Das klar gezeichnete W der **Cassiopeia** steht hoch über dem Zenit im Nordnordwesten, Wega in der Leier, LYRA, am Nordhorizont. Am südwestlichen Himmel entdeckt man den Walfisch, CETUS, und ERIDANUS, den Fluß der Unterwelt. Die Milchstraße überspannt den Himmel von Nordwesten nach Südosten: vom Schwan, CYGNUS, über die **Cassiopeia**, den Fuhrmann, AURIGA, und den ORION bis zu den Zwillingen, GEMINI. Dies sind die wichtigsten Orientierungspunkte. Sichtbar sind aber auch die anderen Zirkumpolarsterne (vgl. den vorigen Abschnitt mit den Hinweisen auf die einschlägigen Bildtafeln) und die kleineren Konstellationen dazwischen, die der Leser auf der Sternkarte der nördlichen Hemisphäre findet.

Dazugehörige Bildtafeln

Andromeda · Tafel 5	Gemini · Tafel 18
Aries · Tafel 16	Leo · Tafel 20
Auriga · Tafel 7	Lyra usw. · Tafel 14
Canis major, Lepus, Columba · Tafel 30	Orion · Tafel 29
Canis minor und Monoceros · Tafel 31	Pegasus und Equuleus · Tafel 15
Eridanus und Cetus · Tafel 28	Perseus · Tafel 6
	Taurus · Tafel 17

---

* Halbfett gedruckte Konstellationen verweisen auf Zirkumpolarsterne, die im vorigen Abschnitt besprochen wurden.

Der Sternhimmel im Frühling

Ziemlich hoch am Himmel stehen noch Capella im Fuhrmann, AURI-GA, Castor und Pollux in den Zwillingen, GEMINI, und Procyon im Kleinen Hund, CANIS MINOR, während der ORION am Westhorizont untergeht. Tief über dem Nordhorizont steht die W-förmige **Cassiopeia**, im Osten Wega in der Leier, LYRA. Der hellste Stern in dieser Jahreszeit (der vierthellste Stern unseres Himmels überhaupt) ist jedoch der Bärenwächter, ARCTURUS, im Sternbild des Ochsentreibers, BOOTES. Er steht im Osten. Im Süden finden wir den Löwen, LEO, flankiert vom Krebs, CANCER, und der Jungfrau, VIRGO. Darunter, näher am Südhorizont, liegen der Rabe, CORVUS, der Becher, CRATER, und die Wasserschlange, HYDRA. Im Westen steht Aldebaran im Stier, TAURUS. Sichtbar sind außerdem die Zirkumpolarsternbilder und einige kleinere Bilder (vgl. Sternkarte der nördlichen Hemisphäre).

Der Sternhimmel im Sommer

Im Sommer steht Wega in der Leier, LYRA, fast genau im Zenit; ihr benachbart ist HERCULES. Nicht weit davon findet man den Schwan, CYGNUS, und den Adler, AQUILA. Die Sterne Deneb im Schwan, CYGNUS, Atair (Altair) im Adler, AQUILA, und Wega in der Leier, LYRA, bilden das große «Sommerdreieck», das am nordöstlichen Sommerhimmel gut zu erkennen ist.

Capella im Fuhrmann, AURIGA, steht tief über dem Nordhorizont; Arcturus im Ochsentreiber, BOOTES, ist im Westen zu finden, ebenso wie die Große Bärin, **Ursa major**. Im Osten geht das große Quadrat des PEGASUS auf, während am Südhorizont Antares sichtbar wird, der große rote Hauptstern des Skorpions, SCORPIO. Über Antares befindet sich der Schlangenträger SERPENTARIUS (heute OPHIUCHUS genannt) und, weiter im Osten, der Schütze, SAGITTARIUS. Die Waage, LIBRA, und die Jungfrau, VIRGO, stehen im Westen. Auch einige kleinere Sternbilder sind sichtbar (vgl. Sternkarte der nördlichen Hemisphäre), außerdem die meisten Zirkumpolarsternbilder.

Dazugehörige Bildtafeln

Auriga · Tafel 7
Bootes · Tafel 10
Delphinus, Sagitta und Aquila ·
Tafel 13
Hercules und Corona borealis ·
Tafel 11
Lacerta, Cygnus, Lyra,
Vulpecula · Tafel 14

Libra · Tafel 22
Pegasus und Equuleus · Tafel 15
Sagittarius · Tafel 24
Scorpio · Tafel 23
Serpentarius (Ophiuchus) ·
Tafel 12
Virgo · Tafel 21

Der Sternhimmel im Herbst

Das W-förmige Sternbild der **Cassiopeia** steht im Herbst fast im Zenit, neben der ANDROMEDA und dem PERSEUS. Der Schwan, CYGNUS, und die Leier, LYRA, stehen im Westen, der Stier, TAURUS, sowie der Fuhrmann, AURIGA, im Osten. Nach Süden blickend, erkennt man nahe dem Zenit das große Quadrat des PEGASUS. Dem Südhorizont näher stehen die astrologischen «Wasserzeichen»: der Steinbock, CAPRICORNUS, der Wassermann, AQUARIUS, der Südliche Fisch, PISCIS AUSTRALIS, der Walfisch, CETUS, und der Fluß der Unterwelt, ERIDANUS – bei den alten Babyloniern das Sternbild «Meer». Darüber liegen die Fische, PISCES. Zu erkennen sind auch die Zirkumpolarsterne und einige andere, kleinere Konstellationen (vgl. Sternkarte der nördlichen Hemisphäre).

Dazugehörige Bildtafeln

Andromeda usw. · Tafel 5	Cetus und Eridanus · Tafel 28
Aquarius und Piscis australis · Tafel 26	Cygnus und Lyra usw. · Tafel 14
	Pegasus und Equuleus · Tafel 15
Aries · Tafel 16	Perseus · Tafel 6
Auriga · Tafel 7	Pisces · Tafel 27
Capricornus · Tafel 25	

Die südliche Hemisphäre

Die hier vorgelegten Bildtafeln waren primär für den Gebrauch in der nördlichen Hemisphäre gedacht. Aus diesem Grunde fehlen 19 Konstellationen, die den Himmelssüdpol umgeben und daher in Europa nicht sichtbar sind. Doch sind 44 Sternbilder auf unseren Tafeln auch in südlichen Breiten, in Australien und auf Neuseeland, zu erkennen. In den folgenden Beschreibungen habe ich nur die auf den Tafeln abgebildeten Konstellationen berücksichtigt. Zur Lokalisierung der südlichen Zirkumpolarsterne bediene man sich der Sternkarte der südlichen Hemisphäre.

Der Sternhimmel im Winter

Nach Norden blickend, erkennt man Arcturus im Ochsentreiber, BOO-TES, und Wega in der Leier, LYRA, daneben, tief über dem Horizont, HERCULES. Darüber steht der Schlangenträger, SERPENTARIUS (auf der Sternkarte als OPHIUCHUS eingetragen), mit der Schlange, SERPENS. Weiter östlich befindet sich Atair (Altair) im Adler, AQUI-LA. Fast im Zenit steht jetzt Antares im Skorpion, SCORPIO. Westlich davon erkennt man Spica in der Jungfrau, VIRGO. Schütze, SAGIT-TARIUS, und Steinbock, CAPRICORNUS, stehen im Osten; im Westen sieht man dicht beieinander den Kentauren, CENTAURUS, den Raben, CORVUS, den Becher, CRATER, und die Wasserschlange, HY-DRA. Andere kleine Sterngruppen sind ebenfalls sichtbar (vgl. Sternkarte der südlichen Hemisphäre), ferner die südlichen Zirkumpolarsterne.

Dazugehörige Bildtafeln

Der Sternhimmel im Frühling

Den größten Teil des nördlichen Himmels beherrscht das altbabylonische Sternbild «Meer», bestehend aus dem Steinbock, CAPRICORNUS, dem Wassermann, AQUARIUS, dem Südlichen Fisch, PISCIS AUSTRALIS, und dem Walfisch, CETUS. Das große Quadrat des PEGASUS steht in der Himmelsmitte, Atair (Altair) im Adler, AQUILA, im Westen. Der ORION geht im Osten auf, Fomalhaut im Südlichen Fisch, PISCIS AUSTRALIS, steht fast im Zenit, und Achernar, der letzte Stern im Fluß der Unterwelt, ERIDANUS, liegt in der Mitte des Südhimmels. Auch andere, kleinere Gruppen von Sternen sind jetzt sichtbar, außerdem die südlichen Zirkumpolarsternbilder.

Der Sternhimmel im Sommer

Der ORION befindet sich, spiegelverkehrt, hoch im Nordosten. Sirius im Großen Hund, CANIS MAJOR, steht fast im Zenit, nicht weit von ihm Procyon im Kleinen Hund, CANIS MINOR. Im Westen erkennt man den ganzen Fluß der Unterwelt, ERIDANUS, mit seinem Hauptstern Achernar, der in nördlichen Breiten nicht sichtbar ist, und daneben den Walfisch, CETUS. Knapp östlich vom Zenit befindet sich Canopus im Schiffskiel, CARINA (Bestandteil des älteren Sternbildes ARGO NAVIS, Schiff der Argonauten). Tief über dem Nordhorizont erkennt man Aldebaran im Stier, TAURUS, und Castor und Pollux in den Zwillingen, GEMINI, darunter Capella im Fuhrmann, AURIGA.

Der Sternhimmel im Herbst

Von der Waage, LIBRA, im Osten verläuft das Band des Zodiakus über den nördlichen Himmel, durch Spica in der Jungfrau, VIRGO, und Regulus im Löwen, LEO, bis zu den Zwillingen, GEMINI, im Nordwesten. Höher im Westen steht der ORION. Westlich vom Zenit findet man Sirius im Großen Hund, CANIS MAJOR, und Procyon im Kleinen Hund, CANIS MINOR. Blickt man nach Süden, so erkennt man Canopus im Schiffskiel, CARINA (Bestandteil des älteren Argonautenschiffes, ARGO NAVIS). Sichtbar sind auch das ganze Argonautenschiff, ARGO NAVIS, und der Kentaur, CENTAURUS, die beherrschenden Sternbilder des Herbsthimmels. Auch andere, weniger wichtige Konstellationen kann man jetzt sehen (vgl. die Sternkarte der südlichen Hemisphäre), außerdem die 19 südlichen Zirkumpolarsterne auf der Sternkarte der südlichen Hemisphäre.

Dazugehörige Bildtafeln

Argo navis und Centaurus · Tafel 32	Gemini · Tafel 28
Cancer · Tafel 19	Libra · Tafel 22
Canis major usw. · Tafel 30	Leo · Tafel 20
Canis minor usw. · Tafel 31	Orion · Tafel 29
	Virgo · Tafel 21

Erläuterungen
zu den Bildtafeln

DRACO · Drache

Der Drache, bekannt durch Wachsamkeit und scharfen Blick, dem nichts entging, war der traditionelle Bewacher von Tempeln und Schätzen. Im Altertum behütete er auch die Quellen des Lebens und der Unsterblichkeit.

Auf unserem Bild ringelt er sich um den Himmelsnordpol und bewacht den «ruhenden Punkt, um den die Welt sich dreht». Wie die leere Mitte im hinduistischen Rad der Wandlungen, wie das Loch in der Jadescheibe, das bei den Chinesen den Himmel symbolisierte, war dieser Punkt der «unbewegte Beweger», Ursache und Ziel allen Lebens zugleich. So symbolisiert der Himmelspol ein «Loch» im Raum-Zeit-Kontinuum, die Pforte zwischen Zeit und Ewigkeit, bewacht von dem Drachen, dem Hüter der Schwelle, den der Held Herkules (siehe Tafel II) zertritt, wodurch er über Tod und Finsternis triumphiert.

In der Heldensage von Herkules (griechisch Herakles) ist Draco, unser Drache, der «immer wachsam ist, weil er niemals schläft», Ladon. Er bewacht die goldenen Äpfel der Unsterblichkeit, die in den Gärten der Hesperiden wuchsen, hinter dem Okeanos, dem Welt-Strom, fern im Westen, dem Land der Toten. Wie Ladon, welches auch der Name des Flusses ist, der den Zaubergarten umgab, ist Okeanos Schlange und Fluß zugleich. Er umringt die Welt mit dem Zodiakus auf dem Rücken und scheidet Zeit und Ewigkeit (siehe Hercules).

Die Kleine Bärin ist berühmt, weil sie den Polarstern enthält. Erfunden wurde das Sternbild erst im 6. Jahrhundert v. Chr. zur Orientierung der Seefahrer. Mit ihm verbinden sich keine Sagen; es wurde aus dem Flügel des Drachen abgeleitet, einer Konstellation, die seit langem vergessen ist.

Die Sterne

Durch die Präzession der Äquinoktien scheint der Himmelsnordpol seine Stellung zu den ihn umgebenden Sternen stetig zu verändern; er benötigt knapp 26 000 Jahre für einen Umlauf. Infolgedessen haben im Laufe der überlieferten Geschichte verschiedene Sterne als Polarstern fungiert, das heißt als der Stern, der dem «wahren Norden» am nächsten steht.

Um 10 000 v. Chr. markierte Wega in der Leier den Polarstern. Um 3000 v. Chr. war es Thuban, der Hauptstern des Drachen. Da Thuban gleichsam die Achse des Drachenkörpers bildet, schien das ganze Sternbild sich um ihn zu drehen wie die Zeiger einer Uhr – allerdings in entgegengesetzter Richtung –, was seinen Zusammenhang mit Zeit und Ewigkeit unterstrich. Vom Hauptgang der Cheopspyramide in Gise war Thuban Tag und Nacht sichtbar. (In der Tat kann man die Sterne vom Grund jedes tiefen Brunnens am hellichten Tage sehen.)

Der orangefarbene Stern Kochab auf dem Rücken der Kleinen Bärin ist heute auch als Wächter des Pols bekannt und war um 1000 v. Chr. der Polarstern.

Polaris, unser heutiger Polarstern, wird im Jahre 2095 dem «wahren Norden» am nächsten sein.

Die Sterne der Kleinen Bärin, die früher den Flügel des Drachen bildeten, sind als die Siebenschläfer von Ephesos bekannt, die in ihrer türkischen Grotte 200 Jahre lang ungestört schliefen.

Zur Lokalisierung

Merak und Dubhe (Tafel 9) im Sternbild der Großen Bärin, die auch
das Ende des Pfluges markieren, sind Orientierungssterne: Sie bilden
eine Linie, deren Verlängerung auf Polaris, den Polarstern, weist.

CAMELOPARDALIS, Giraffe,
TARANDUS, Rentier,
und
CUSTOS MESSIUM, Hüter der Ernte

CAMELOPARDALIS · Giraffe

Das Sternbild Camelopardalis, Giraffe, hinter deren Hals der Polarstern steht, wurde erst 1614 von dem Astronomen Bartsch (latinisiert Bartschius) eingeführt. Es enthält keine hellen Sterne.

TARANDUS · Rentier

Heute aus den Sternatlanten verschwunden, wurde das Rentier 1736 von Le Monnier zur Erinnerung an seine Lapplandexpedition verstirnt.

CUSTOS MESSIUM · Hüter der Ernte

Der Astronom Lalande erfand Custos messium im Jahre 1775 und dachte dabei an seinen Freund Le Messier, den «Kometenjäger» Ludwigs XV. von Frankreich: Le Messier «hütete» die «Ernte» an Kometen, von denen er in vier Jahren nicht weniger als zwölf entdeckte. Lalande pflegte ganze Nächte auf dem Pariser Pont Neuf zu verbringen, wo er Passanten ansprach und jedem, der geduldig genug war, ihn anzuhören, die Sterne erklärte. Die Französische Revolution überlebte er in seinem Observatorium; danach dankte er «seinen» Sternen, daß sie ihn vor der Guillotine bewahrt hatten. – In den modernen Sternatlanten ist dieses Bild nicht mehr enthalten.

Zur Lokalisierung

Bei diesen Konstellationen handelt es sich nicht um nördliche Zirkumpolarsterne. Man vergleiche die Sternkarte der nördlichen Hemisphäre.

Cassiopeia, die sagenhafte Königin von Äthiopien, die hier auf ihrem
Thron sitzend abgebildet ist, war die Mutter der Andromeda (Tafel 5)
und Gemahlin des Cepheus (Tafel 4; siehe auch Perseus, Tafel 6). Sie
rühmte sich, schöner zu sein als alle Meerjungfrauen, und ist nun zur
Strafe dazu verurteilt, für alle Zeiten den Pol zu umkreisen, mit dem
Kopf nach unten. Als Äthiopierin wird sie manchmal auch «Schwarze
Königin» genannt. Arabische Astronomen nannten diese Konstellation
«Große hennagefärbte Hand»; für die Kelten war sie der Wohnsitz des
Gottes Don, den man sich später als Feenkönig und Beherrscher der
Milchstraße dachte, in der dieses Sternbild liegt.

Die Sterne

Der schwach rosa leuchtende Hauptstern Schedir markiert die Brust
der Königin. Die berühmte Supernova von 1572 tauchte unweit Chaph,
dem Stern am Thron, auf. Sie war so hell, daß sie auch am hellichten
Tag zu sehen war. Man nannte sie «Fremdling» und glaubte, es handele
sich um den Stern von Bethlehem, der erschienen war, um die Wieder-
kunft Christi anzukündigen. Heute wird dieser Stern als «Tychonische
Supernova» bezeichnet, nach dem Astronomen Tycho Brahe, der noch
so stark der Astrologie verhaftet war, daß er in seinem Sternkatalog
die Anzahl der Sterne künstlich auf die mystische Zahl 777 zurück-
führte.

Zur Lokalisierung

Die Cassiopeia, zwischen ihrer Tochter Andromeda und dem Himmelsnordpol gelegen, ist ein leicht erkennbares W-förmiges Sternbild, das in normalen nördlichen Breiten das ganze Jahr hindurch sichtbar ist. Zum leichteren Auffinden beachte man die jahreszeitlichen Hinweise zum Sternhimmel. In der südlichen Hemisphäre ist Cassiopeia nicht zu sehen.

Tafel 4
CEPHEUS

Cepheus, König von «Äthiopien», war der Vater der Andromeda und der Gemahl der Cassiopeia (siehe Perseus, Tafel 6). Wir wissen über ihn nicht viel: Er hat die Argonauten auf ihrer Suche nach dem Goldenen Vlies begleitet, und sein linker Fuß ruht auf dem Polarstern. Eigentlich ist er chaldäischen Ursprungs; sein Vater war Belos, der mythische Erfinder der Astronomie. Im prähistorischen Indien sah man in ihm den Affengott Kapi. Zwei Sterne im Cepheus sind, 21 000 v. Chr. und 19 000 v. Chr., Polarsterne gewesen. In China hieß dieses Sternbild «Innerer Thron der fünf Kaiser».

Die Sterne

Alderamin, auf der rechten Schulter des Königs, wird 7500 n. Chr. Polarstern sein.

Zur Lokalisierung

Cepheus steht zwischen seiner Gemahlin Cassiopeia und dem Drachen. Er ist in der nördlichen Hemisphäre zirkumpolar und damit das ganze Jahr über sichtbar. In der südlichen Hemisphäre ist Cepheus nicht zu sehen.

GLORIA FREDERICI, Friedrichs
Ruhm,
ANDROMEDA
und
TRIANGULA, Nördliches Dreieck

GLORIA FREDERICI · Friedrichs Ruhm

Dieses Sternbild ist heute aus den Atlanten verschwunden; geschaffen wurde es 1787 zur Verherrlichung Friedrichs des Großen, der 1786 gestorben war. Um Raum dafür zu schaffen, brachte sein Erfinder kurzerhand den rechten Arm Andromedas in die auf der Tafel gezeigte Position, unbekümmert darum, daß er seit 3000 Jahren in der alten Stellung ausgestreckt gewesen war.

ANDROMEDA

Andromeda ist der Archetyp der unglücklichen Jungfrau: Für alle Zeiten ist sie im Weltraum angekettet und wartet darauf, von Cetus, dem Walfisch oder eigentlich dem Meeresungeheuer, verschlungen zu werden. Sie war die Tochter des Cepheus und der Cassiopeia, des legendären Königspaars von Äthiopien (siehe Perseus, Tafel 6). Die Ursprünge der ganzen «äthiopischen» Königsfamilie gehen auf das große babylonische Schöpfungsepos zurück; dasselbe gilt für Perseus und den Walfisch, der ursprünglich der Drache des Urchaos war, den der Held Bel Marduk überwand.

Die Sterne

Sirrah, besser bekannt als Alpheratz, ist der wichtigste Stern in Andromeda; er markiert ihr linkes Ohr. Denen, die unter diesem Stern geboren wurden, brachte er Ehre und Reichtum. Am höchsten steht er in der nördlichen Hemisphäre am 10. November. In der Mitte dieses Sternbildes befindet sich der berühmte Andromedanebel. Hinter dem Schleier unserer eigenen Galaxis, der Milchstraße, sichtbar, die weniger als 5000 Lichtjahre entfernt ist, ist der Andromedanebel mehr als zwei Millionen Lichtjahre weit weg und damit das fernste Objekt am Himmel, das mit bloßem Auge erkennbar ist. Man vermutet, daß er in seiner äußeren Form der Milchstraße sehr ähnlich ist.

Zur Lokalisierung

Die Andromeda ist von August bis Januar in der nördlichen Hemisphäre, im November auch südlich des Äquators sichtbar. Das Sternbild liegt zwischen den Fischen und der Cassiopeia (siehe Sternkarte der nördlichen Hemisphäre). Den Andromedanebel findet man, wenn man, ausgehend von Mirach, dem zweithellsten Stern in Andromeda, der ihren Schoß markiert, einer Linie von zwei Sternen folgt.

TRIANGULA · (Dreiecke) Nördliches Dreieck

Dieses Sternbild heißt heute Triangulum. Bei den Griechen war es als Deltatron bekannt, weil es an den griechischen Buchstaben Delta erinnerte. Die Römer sahen in dem Bild das verstirnte Sizilien; denn Ceres, die Göttin der Feldfrucht, hatte Zeus gebeten, diese Insel auch am Himmel zu erschaffen. Man hat es auch mit Thrinakia in Homers *Odyssee* identifiziert, wo die Rinder des Helios weideten.

Die Sterne

Nahe dem Hauptstern des Nördlichen Dreiecks ist mit einiger Mühe ein Spiralnebel von der Größe des Vollmonds auszumachen.

Zur Lokalisierung

Das Nördliche Dreieck liegt südlich der Andromeda, am Rand der Milchstraße.

Zwischen Cassiopeia, der stolzen äthiopischen Königin, die sich rühmte, schöner zu sein als die Nereiden, und ihrer Tochter Andromeda, die
um der Vermessenheit der Mutter willen an einen Felsen geschmiedet
ward, steht Perseus, der Retter der Andromeda, einer der größten
Helden der griechischen Sage, mit dem Haupt der Gorgone Medusa.

Schon die Art seiner Empfängnis kündigte den Helden an. Seine
Mutter Danae wurde von ihrem Vater in einem unterirdischen Verlies
gefangengehalten, aber Zeus begehrte sie und näherte sich ihr in einem
Schauer fließenden Goldes. Perseus' Aufgabe war es, die schlangen-
haarige Gorgone Medusa zu töten, deren Anblick den Menschen ver-
steinerte. Bewaffnet mit einem blanken Schild, den ihm die Götter
geschenkt hatten, damit er dem Bösen nicht ins Gesicht zu sehen
brauchte, wenn er das Haupt der Medusa abschlug, mußte Perseus
zuerst den Weg zu den Gorgonen finden, die irgendwo weit im Westen
hausten. Nach vollendeter Tat schwang Perseus sich auf das geflügelte
Pferd Pegasus, das einer Verbindung der Medusa mit dem Gott Poseidon oder, nach einer anderen Überlieferung, dem Blut des abgehaue-
nen Medusenhauptes entsprungen war. Am ägäischen Himmel dahin-
jagend, das grauenvolle Haupt in einem Beutel bei sich, erspähte Perseus die angekettete Andromeda, die von dem Untier verschlungen
werden sollte. Er zeigte dem Ungeheuer das Medusenhaupt, und es
erstarrte zu Stein.

Die Sterne

Anfang August, wenn der Perseus am Nordhimmel aufgeht, durchläuft
die Erde einen Strom von Meteoren, der bei uns zur reichsten Jahres-

ausbeute an Sternschnuppen führt. Da sie aus dem Perseus zu kommen scheinen, heißen sie Perseiden, nach dem von Perseus gegründeten Königshaus, dem auch Herkules entstammte. Dieser Meteor«regen», der mit dem jährlichen Aufgang des Sternbildes zusammenfällt, könnte erklären, wie es zu der Sage von der Empfängnis unseres Helden durch einen Schauer fließenden Goldes kam. Neben Perseus befindet sich Algol oder Ras-al-Ghul, «Kopf der Gul», der das ominöse Medusenhaupt markiert. Algol war zu allen Zeiten der «Stern des bösen Geistes»; er ist der unheilvollste am ganzen Himmel. Seine Helligkeit schwankt: Sie nimmt alle drei Tage für knapp zehn Stunden ab, um dann wieder zu wachsen. Das mag die altgriechischen Astronomen an den versteinernden bösen Blick der Gorgonen erinnert haben. Dieser Stern ist der berühmteste Bedeckungsveränderliche, das heißt ein Doppelstern, der aus zwei einander umkreisenden und dadurch ständig verdunkelnden Sternen besteht.

Zur Lokalisierung

Algenib, der Hauptstern im Perseus, der eine der Rippen in der Y-förmigen Konstellation bezeichnet, ist im Spätsommer oder Herbst am Nordhimmel aufzufinden, wenn man eine gedachte Linie vom Polarstern durch die Cassiopeia verlängert. In der südlichen Hemisphäre ist Perseus nur knapp über dem Horizont sichtbar.

Auriga, der Fuhrmann oder Wagenlenker, der auf geheimnisvolle Weise seinen Wagen schon seit Urzeiten verloren hat, steht, mit seiner Ziege und den Böcklein, quer über der Milchstraße, zwischen Stier und Giraffe.

Welchen Zusammenhang es zwischen dem himmlischen Wagenlenker und Capella, der Ziege, gibt, bleibt ein Rätsel; beide scheinen jedoch schon seit wenigstens 5000 Jahren zusammen am Himmel zu stehen.

Der Wagenlenker selbst soll Erechthonios sein, der schlangenfüßige Sohn der Erdgöttin Gaia und des lahmen Hephaistos (Vulcanus). Er wuchs bei Athene, der Göttin der Weisheit, auf. Sie legte das mißgebildete Kind in einen Korb, den sie zwei Königstöchtern übergab, die ihn nicht öffnen durften. Die Mädchen waren neugierig und öffneten den Korb, und als sie das von einer Schlange umringelte Kind sahen, ergriffen sie voller Entsetzen die Flucht und stürzten von der Athener Akropolis in den Tod.

Erechthonios wurde König von Athen und erfand den vierrädrigen Rennwagen, wofür die Götter ihn an den Himmel versetzten.

Vier Pferde zogen auch den Sonnenwagen, mit dem Phaethon die Erde verbrannte, als ihm die Pferde durchgingen.

Die Sterne

Capella, das Ziegenböcklein oder die Ziege, ist der sechsthellste Stern am Himmel. Er war der Schutzstern Babylons. In Indien ist er der Hauptstern Brahmas, für die Araber der «Schiedsrichter des himmlischen Spiels», dessen Mitspieler die anderen Sterne sind. In Ägypten richtete man um 5000 v. Chr. Tempelbauten an der Stellung dieses Sternes aus, und für die Griechen war er – vielleicht weil er in der

Milchstraße steht – die Ziege Amaltheia, die den Gott Zeus in seiner Kindheit mit ihrer Milch genährt hatte.

Zur Lokalisierung

Die Hauptsterne im Fuhrmann bilden ein großes Fünfeck, das nördlich des Stiers und zwischen Perseus und den Zwillingen steht (siehe Sternkarte der nördlichen Hemisphäre). Das Sternbild ist fast zirkumpolar und daher auf der nördlichen Hemisphäre fast das ganze Jahr hindurch sichtbar. Im Januar gegen 22 Uhr steht der Fuhrmann im Zenit (vgl. die jahreszeitliche Beschreibung des Sternhimmels).

Auf der südlichen Hemisphäre ist Capella im Januar tief über dem Nordhorizont zu sehen.

LYNX · Luchs

Der Luchs ist ein modernes Sternbild, das erst Ende des 17. Jahrhunderts von dem Danziger Astronomen Hevel (latinisiert Hevelius) eingeführt wurde; um es zu sehen, brauche man Luchsaugen, meinte er. Das großräumige Sternbild enthält keine hellen Sterne.

Zur Lokalisierung

Vgl. die Beschreibung der nördlichen Zirkumpolarsterne auf S 16.

TELESCOPIUM HERSCHILII · Herschels Fernrohr

Dieses Sternbild, von Abbé Hell 1781 zu Ehren des berühmten Astronomen Wilhelm (Sir William) Herschel geschaffen, wird in den heutigen Sternatlanten nicht mehr geführt.

Im alten Griechenland und in Babylon, in Indien und Nordamerika hat man Ursa major, das bekannteste Sternbild des nördlichen Himmels, als Bärin gedeutet. Es ist aber auch als Großer Wagen und als Pflug bekannt.

Die Bärin wurde zuerst von Zeus an den griechischen Himmel versetzt. Er liebte einst die Nymphe Kallisto, eine der keuschen Dienerinnen der jungfräulichen Artemis, der Göttin der Jagd. Um Kallisto und ihr ungeborenes Kind vor dem Zorn der jungfräulichen Göttin zu retten, verwandelte Zeus sie in die Große Bärin und versetzte sie an den Himmel, in die Nähe des Polarsterns. Von Arktos, der Bärin, und Arcturus, dem Bärenwächter (Bootes), ihrem Sohn, hat die Arktis ihren Namen. Weil das Sternbild um den ruhenden Punkt des Polarsterns kreist, der «Achse» der Welt, war es im Sanskrit der Achsentreiber, woraus die Griechen Ixion machten, der auf das ewig sich drehende Feuerrad des Zodiakus und der Sternbilder gebunden wurde (siehe Sagittarius). Im alten England sah man in diesem Sternbild den Wagen und das Haus von König Artus. *Arth* bedeutet «Bär» und *uthyr* «herrlich», und die Tafelrunde des Königs Artus, mit dem Gral in der Mitte, mag ähnlichen Ursprungs sein wie das Feuerrad des Ixion (zur Symbolik des Nordpols siehe Draco). Später sah man in dem Bild «Karls Wagen», durch die legendäre Verbindung des Königs Artus mit Karl dem Großen. Am Hofe beider Herrscher gab es tapfere Ritter, und beide waren, wie man glaubte, nicht tot, sondern schliefen nur, um in der Stunde der Not zu erwachen und ihr Vaterland zu retten. Die Bezeichnung «Pflug» geht auf das prähistorische Indien zurück. Hier war es die von Ochsen gezogene Pflugschar, die ihr Erfinder Bootes rund um den Polarstern führt. In Südfrankreich heißt das Sternbild «casserole», der Tiegel.

Die Sterne

Die sieben Hauptsterne der Großen Bärin heißen Dubhe, Merak, Phachd, Megrez, Alioth, Mizar und Benetnasch. Dubhe («Bär») und Merak («Lende») sind Orientierungssterne: in ihrer Verlängerung weisen sie auf den Polarstern. Die Große Bärin ist eine Konstellation, die jedermann erkennt und mit deren Hilfe man andere Sternbilder auffindet. (Zur Lokalisierung vgl. die jahreszeitlichen Beschreibungen des nördlichen Sternhimmels, S. 17 bis 20, sowie die Sternkarte der nördlichen Hemisphäre.) Dicht neben Mizar, dem Schwanz der Bärin, steht Alkor, dessen Helligkeit in den letzten tausend Jahren zugenommen zu haben scheint. Früher dienten die beiden Sterne in manchen Armeen als beliebter Sehtest. Heute ist es viel leichter, sie zu unterscheiden.

BOOTES, Ochsentreiber,
CANES VENATICI, Jagdhunde,
COMA BERENICES, Haar der Berenike,
und
QUADRANS MURALIS, Quadrant

BOOTES · Ochsentreiber

Bootes, der himmlische Hirte, war auch der Erfinder des von Ochsen
gezogenen Pfluges und verewigt als solcher vielleicht den Übergang
vom nomadischen Leben zum seßhaften Landbau in der Antike. Vor
allem hängt er mit den beiden Bärinnen zusammen, die er um den
Nordpol führt oder jagt.

Zeus hatte sich in die Nymphe Kallisto verliebt, eine der Gefährtin-
nen der keuschen Artemis, der Göttin der Jagd. Als Artemis entdeckte,
daß Kallisto schwanger war, wollte sie sie töten, aber Zeus verwandelte
Kallisto in eine Bärin und versetzte sie an den Himmel, wo sie als Ursa
major, Große Bärin, weiterlebt. Ihr Sohn Arkas ist Bootes, der Bärenhüter.

Die Sterne

Arcturus, am Knie des Bootes, ist rund 35 Lichtjahre entfernt. Er ist
der hellste Stern der nördlichen Hemisphäre und der vierthellste Stern
am Himmel. Sein griechischer Name bedeutet «Bärenwächter», und er
wurde von allen Seeleuten gefürchtet, weil er Sturm und Unwetter
ankündigte. Als astrologisches Zeichen brachte er allerdings Ehre und
Reichtum. Bei den arabischen Astronomen war er der Hüter des Himmels. Nekkar am Ohr des Bootes bedeutet Ochsentreiber.

CANES VENATICI · Jagdhunde

Die beiden Jagdhunde, die Bootes an der Leine führt, wurden 1690 von Hevel (latinisiert Hevelius) eingeführt. Sie hetzen die Große Bärin um den Nordpol und heißen Asterion, «der Strahlende», und Chara, «der dem Herzen des Herrn Teure».

Die Sterne

Der Hauptstern der Jagdhunde, Cor Caroli, «Karls Herz», erscheint auf dem Halsband Charas als Herz mit einer Krone darauf. Er erhielt seinen Namen in Erinnerung an den englischen König Karl II.; denn bei dessen Rückkehr aus dem Exil nach England am 29. Mai 1660 soll er besonders hell aufgeleuchtet haben.

COMA BERENICES · Haar der Berenike

Das Haar der Berenike, die wunderbar bernsteinfarbenen Flechten der ägyptischen Königin Berenike, wurde 243 v. Chr. verstirnt. Als Berenikes Gemahl Ptolemaios Euergetes auszog, um gegen die Assyrer zu kämpfen, gelobte Berenike den Göttern, ihr Haar zu opfern, wenn er gesund heimkehre. Sie hielt Wort und brachte ihr Haar im Tempel der Venus dar; von dort wurde es geraubt und an den Himmel versetzt. Manche sagen, Venus selbst habe das Haar geraubt; andere meinen, der Astronom, der das Sternbild ersann, habe die Geschichte erfunden, um Berenike über ihren Verlust zu trösten. Hinter dem Sternbild befindet sich ein Galaxienhaufen von rund 1000 Mitgliedern, der jedoch mit bloßem Auge nicht sichtbar ist.

Zur Lokalisierung

Alle diese Sterne sind auf der nördlichen Hemisphäre im Frühling und Sommer zwischen der Großen Bärin im Norden und der Jungfrau im Süden sichtbar. Auf der südlichen Hemisphäre sind sie kaum zu sehen; nur Arcturus ist im Juni tief über dem Nordhorizont zu erkennen. Der Quadrant wird in den Sternatlanten nicht mehr geführt, und das Haar der Berenike enthält keine hellen Sterne.

Tafel ii
HERCULES und CORONA BOREALIS, Nördliche Krone

HERCULES

Im ältesten Griechenland hieß diese geheimnisvolle Figur zuerst «der Kniende» oder «das Phantom», dessen Fuß auf dem Kopf des Drachen ruht, der den Nordpol bewacht. Später wurde aus ihr der große Sagenheld Herkules (griechisch Herakles), dessen Name vielleicht «Ruhm der Lüfte» bedeutet. Er trägt ein Löwenfell, das ihn unverwundbar macht, und schwingt seine Keule gegen den Höllenhund Cerberus (griechisch Kerberos).

Seine berühmten «Arbeiten» mußte Herkules tun, weil er in einem Anfall von Wahnsinn seine eigenen Kinder getötet hatte. Diese Taten waren die folgenden:

1. Er erlegt den Nemeischen Löwen, der in der Gegend von Nemea sein Unwesen trieb, und zieht ihm das Fell ab.

2. Er überwindet die Lernäische Wasserschlange, die vielköpfige Hydra.

3. Er nimmt den Erymanthischen Eber lebend gefangen.

4. Er erlegt mit seinen Pfeilen die Stymphaliden, gefräßige Vögel mit Flügeln aus Eisen, die die Sonne verdunkelten.

5. Er jagt die Keryneische Hindin, ein Tier mit goldenem Geweih und ehernen Hufen, ein ganzes Jahr lang und fängt sie ein.

6. Er mistet an einem einzigen Tag den Augiasstall aus, in dem dreitausend Rinder dreißig Jahre lang eingepfercht waren.

7. Er fängt den wilden Stier des Königs Minos auf Kreta ein.

8. Er fängt die wilden und menschenfressenden Rosse des Diomedes ein und zähmt sie.

9. Er tötet die Königin der Amazonen und erbeutet ihren Gürtel.

10. Er gewinnt die purpurroten Rinder des dreileibigen Geryoneus,

indem er deren Wächter und seinen zweiköpfigen Hütehund überwindet.

11. Er erschlägt den Drachen Ladon, der die goldenen Äpfel der Hesperiden bewachte (siehe Draco), und gewinnt die Äpfel, die Unsterblichkeit spenden.

12. Nachdem er sich mit den Mysterien der Unterwelt vertraut gemacht hat, überwindet er den Höllenhund Cerberus, der die Pforte des Acheron bewacht, und erwürgt ihn mit bloßen Händen.

Drei Jahre war Herkules auch der Sklave der lydischen Königin Omphale, deren Name «Nabel der Welt» bedeutet, und wurde ihr Geliebter. Er trug in dieser Zeit Frauenkleider und Frauenschmuck und spann Garn – vielleicht ein Anklang an die frühen Fruchtbarkeitsriten der Großen Mutter und ihres ihr dienstbaren Liebhaber-Sohnes.

Bei seinem Tod wurde ein Scheiterhaufen errichtet, und als die Flammen emporschlugen, kam eine Gewitterwolke, und unter Donner und Blitz ward Herkules dem Blick der Menschen entrückt und zu den Göttern versetzt.

Der Löwe ist zu allen Zeiten mit der Sonne in Zusammenhang gebracht worden, und so markiert das Löwenfell des Herkules den Sonnenhelden; seine zwölf Taten, die ihm die Äpfel der Unsterblichkeit und den Sieg über den Tod bescherten, hat man mit dem jährlichen Durchgang der Sonne durch den Zodiakus und mit der Reise der Menschenseele verglichen.

Herkules war vielleicht ursprünglich der Held Gilgamesch aus dem Gebiet des Euphrat, der Tiamat überwand, den großen Drachen des Urchaos.

Die Sterne

Unser ganzes Sonnensystem bewegt sich auf Hercules zu. Auf seiner Hüfte ist ein Kugelhaufen von 100 000 Sternen mit bloßem Auge gerade noch zu erkennen.

Zur Lokalisierung

Hercules ist am besten im Sommer zu sehen. Er steht zwischen dem Drachen und dem Schlangenträger auf dem Kopf und setzt seinen Fuß auf das Haupt des Drachen. Im Osten wird er von der Leier, im Westen von der Nördlichen Krone begrenzt. In der südlichen Hemisphäre, wo er richtig herum steht, ist er von Mai bis August zu sehen.

CORONA BOREALIS · Nördliche Krone

Hinter dem Rücken des Hercules, aber verkehrt herum, steht die Nördliche Krone. Sie gehörte Ariadne, der Tochter des kretischen Königs Minos, die mit ihrem Garnknäuel Theseus half, den Minotauros zu besiegen und den Rückweg aus dem Labyrinth zu finden. Manche sagen, dies sei der Brautkranz, den Theseus Ariadne zur Hochzeit schenkte, bevor er sie auf der griechischen Insel Naxos aussetzte. Andere wieder meinen, die Krone habe Ariadne von Bacchus erhalten, den sie daraufhin heiratete. Bei den Kelten hieß dieses Sternbild Caer Arianrhod, «Burg der Arianrhod», der Tochter des Feenkönigs Don, und nach Robert Graves war es der Ort, wohin bei ihrem Tode die Seelen von Königen, Dichtern und Zauberkundigen zurückkehrten.

Die Sterne

In der Mitte des Kranzes von sieben Sternen, der die Nördliche Krone bildet, steht Gemma als zentraler «Edelstein». Corona borealis enthält einen Galaxienhaufen von 400 Mitgliedern, der tausend Millionen Lichtjahre entfernt und daher mit bloßem Auge nicht erkennbar ist.

Tafel 12

TAURUS PONIATOWSKI, Poniatowskis Stier,
SERPENTARIUS, Schlangenträger,
SCUTUM SOBIESKY, Schild,
und
SERPENS, Schlange

SERPENTARIUS · Schlangenträger
SERPENS · Schlange

Zwischen dem wilden Bogenschützen Sagittarius und dem Bärenhüter Bootes steht Serpentarius, heute Ophiuchus genannt, und bändigt die Schlange. Sein Fuß tritt auf den Hauptstern des Skorpions, den er erlegt hat.

Serpentarius ist Asklepios, der griechische Gott der Medizin. In den schattigen Hainen Griechenlands erlernte er die Heilkunst von dem edlen Kentauren Chiron. Dabei hielt er sich die Schlange, die bis auf den heutigen Tag das Symbol der abendländischen Medizin ist.

In den Tempeln des Asklepios verbrachten die Kranken und Angefochtenen, nachdem sie gefastet und rituelle Waschungen vorgenommen hatten, die ganze Nacht in speziellen «Traumkammern». Der Gott erschien ihnen in lebhaften Träumen, diagnostizierte ihr Leiden und wies ihnen den Weg zur Heilung. Die dankbaren Empfänger seiner Weisheit pflegten danach goldene Münzen in seine heiligen Brunnen zu werfen. Asklepios hatte zwei Töchter, Hygieia, «Gesundheit», und Panakea, «Allesheilerin».

Apollo, der Vater Asklepios', rettete seinen Sohn bei der Geburt von dem brennenden Scheiterhaufen seiner Mutter und übergab ihn dem Kentauren Chiron, bei dem er aufwuchs und von dem er die Geheimnisse aller Kräuter und alle Heilkünste erlernte (siehe Centaurus, Tafel 32). Mit Hilfe des Gorgonenblutes, das ihm Athene, die Göttin der Weisheit, geschenkt, und einer unbekannten Pflanze, deren Eigenschaften eine Schlange ihm verraten hatte, vermochte er auch Tote zum Leben zu erwecken. Er wollte sogar Orion, den großen Jäger, den ein Skorpion gestochen hatte, vor dem sicheren Tode erretten, aber der Herr der Unterwelt ward zornig, daß Asklepios sich vermaß, die ewigen Gesetze des Schicksals und der Natur herauszufordern, und um ihn zu besänftigen, tötete Zeus Asklepios mit einem Donnerkeil und versetzte ihn an den Himmel.

Die Schlange ist ein homöopathisches Symbol für das Gift, das zugleich heilen und töten kann, und weil sie sich häutet, verkörpert sie auch die Wiedergeburt. Auf unserem Sternbild wird sie von Asklepios gebändigt, so daß ihre Bosheit und ihr Gift sich in Weisheit und in Heilung verwandeln.

Der Schlangenträger ragt teilweise in die Sternbilder Skorpion und Schütze hinein, weshalb einige moderne Astrologen in ihm ein dreizehntes Tierkreiszeichen erblicken.

Die Sterne

Der Hauptstern in dieser Konstellation, die heute nach dem griechischen Wort «ophis» (Schlange) Ophiuchus genannt wird, heißt Ras Alhague, «Kopf des Schlangenbeschwörers». Viel berühmter ist Barnards Pfeilstern, ein roter Zwerg, der mit bloßem Auge nicht sichtbar und der viertnächste Stern unserer Sonne ist. Manche Astronomen vermuten, daß er von Planeten umgeben ist, auf denen Leben möglich sein könnte. Er ist der Stern mit der größten Eigenbewegung im All.

Die Schlange zerfällt eigentlich in zwei Sternbilder: Serpens Caput ist der Schlangenkopf, Serpens Cauda der Schlangenschwanz.

SCUTUM SOBIESKY · Schild

Der Schild ist ein kleines Sternbild, welches das mit dem christlichen Kreuz verzierte Wappen des polnischen Königs Johann III. Sobieski darstellt. Es wurde von dem deutschen Astronomen Hevel (latinisiert

Hevelius) erfunden und erinnert an den Sieg des Königs über die Türken vor Wien 1683.

TAURUS PONIATOWSKI, Poniatowskis Stier

Poniatowskis Stier erhielt seinen Namen nach Stanislaus II. August Poniatowski, der 1777, während der Ersten Polnischen Teilung, König von Polen war. Das Sternbild wurde von einem polnischen Abt erfunden, der seinem König auf diese Weise seine Reverenz erweisen wollte; die V-förmige Konstellation erinnerte ihn an die Hyaden in Taurus.

Zur Lokalisierung

Der Schlangenträger ist eine großräumige, gerundete Konstellation, die in sich fast sternenleer ist. Er steht südlich von Hercules und teilweise zwischen Skorpion und Schütze im Zodiakus. Alle genannten Konstellationen sind auf der nördlichen Hemisphäre am besten im Sommer, auf der südlichen im Winter zu sehen.

```
┌─────────────────────────────────────┐
│              Tafel 13               │
├─────────────────────────────────────┤
│        DELPHINUS, Delphin,          │
│          SAGITTA, Pfeil,            │
│          AQUILA, Adler,             │
│               und                   │
│            ANTINOUS                 │
└─────────────────────────────────────┘
```

DELPHINUS · Delphin

Der Delphin, das behendeste und klügste Meeressäugetier, wird am Himmel als Freund des Menschen verewigt.

Einst befand sich Arion, der sagenhafte Sänger und Dichter, auf der Rückfahrt nach Griechenland, als die Schiffsbesatzung ihn fesseln und ausrauben wollte. Durch den Klang seiner Leier aber lockte er einige Delphine an, die für ihre Liebe zur Musik bekannt sind. Arion faßte sich ein Herz und sprang ins Meer. Der Delphin, der ihn an Land trug, ist ebenjener, der heute am Himmel prangt. Als die beiden ihr Ziel erreicht hatten, wollte der Delphin von Arion an seinen Hof mitgenommen werden, wo er sich bald der Wonne und dem Luxus ergab.

Dieser Delphin war es auch, der Poseidon half, die Meeresjungfrau Amphitrite zu finden und zu ihm zurückzubringen. Fortan war sie die Meereskönigin in Poseidons goldenem Palast auf dem Grunde des Meeres. Zur Belohnung wurde der Delphin unter die Sterne versetzt. Der Delphin ist ein Symbol der Menschenfreundlichkeit und galt den Griechen als heilig.

SAGITTA · Pfeil

Zwischen Cygnus, dem Schwan, und Aquila, dem Adler, fliegt der Pfeil dahin – das drittkleinste Sternbild am Himmel. Er ist das Emblem Apollos und Dianas und symbolisiert die Macht in ihrer ganzen Fülle. Es ist der Pfeil, mit dem Herkules die Stymphaliden getötet haben soll, jene menschenfressenden Vögel mit Schnäbeln, Flügeln und Klauen aus Eisen, die sich in den Sümpfen Arkadiens von Menschenfleisch nährten. Es ist auch der Pfeil, der den Adler des Zeus erlegte, und Cupidos Liebespfeil.

AQUILA · Adler

Überall von Europa bis zum Fernen Osten ist der Adler der Vogel, der den Göttern des Krieges und der höchsten Macht beigegeben wird. Er ist der Himmelsbote, der die Seele des Menschen in die Unsterblichkeit geleitet. Er ist auch der «Sturmvogel» des Zeus, von dem der schöne Jüngling Ganymed entführt und hoch durch die Lüfte auf den Olymp getragen wurde, um fortan den Göttern als Mundschenk zu dienen. Für die antiken Astronomen war Ganymed der Wasserträger oder Wassermann Aquarius, das benachbarte Sternbild im Osten. Als Vogel wird die Konstellation Aquila seit wenigstens 3500 Jahren gedeutet.

ANTINOUS

Unterhalb des Adlers kniet Antinous, der Liebling des römischen Kaisers Hadrian. Er wurde im Jahre 132 n. Chr. als Sternbild verewigt. Ein Orakel hatte geweissagt, daß nur die Opferung dessen, was dem Kaiser das Liebste sei, sein geschwächtes Leben verlängern könne, und freudig stürzte sich Antinous in die Fluten des Nils. Nach seinem Tod zeigten Hadrians Höflinge dem Kaiser die am Sternhimmel glänzende Seele des Antinous. Heute wird diese Konstellation in den Sternatlanten nicht mehr geführt.

Zur Lokalisierung

Keiner der Einzelsterne in diesen Konstellationen ist groß oder hell genug, um zur Mythenbildung Anlaß zu geben. Der Delphin ist durch die charakteristische Form eines abgeplatteten Diamanten leicht zu erkennen. Am besten sieht man ihn auf der nördlichen Hemisphäre im Spätsommer. Die ganze Gruppe liegt westlich des Wassermanns, in einem sternenreichen Teil der Milchstraße. (Wega in der Leier, Deneb im Schwan und Atair [Altair] im Adler bilden zusammen das große Sommerdreieck des nördlichen Sternhimmels.) Auf der südlichen Hemisphäre stehen diese Konstellationen von Juli bis Oktober am nördlichen Himmel (siehe S. 24 – 25 und Sternkarte).

LACERTA, Eidechse,
CYGNUS, Schwan,
LYRA, Leier,
VULPECULA und ANSER, Füchschen und Gans

LACERTA · Eidechse

Lacerta, die Eidechse, wurde im 17. Jahrhundert von dem Astronomen Hevel (latinisiert Hevelius) erfunden. Die Chinesen sahen in dieser Konstellation einen fliegenden Drachen.

CYGNUS · Schwan

Wie die Leier, durch deren Spiel Orpheus die Mächte der Unterwelt bezwang, wird auch der Schwan mit der Musik und dem Tod in Zusammenhang gebracht. Zwar hat noch nie ein Mensch den mythischen «Schwanengesang» vernommen, mit dem der Schwan vor seinem Tod die Sehnsucht nach dem Paradies ausdrückt, aber die Sage wird so lange fortleben, wie Cygnus, der große weiße Schwan, mit ausgebreiteten Flügeln in südlicher Richtung durch die Milchstraße fliegt.

Der Schwan begann sein Leben als trojanischer Held, der von Achilles getötet und im letzten Augenblick von seinem Vater, dem Meeresgott Poseidon, in einen weißen Schwan verwandelt wurde. Als Achilles dem Gefallenen die Rüstung abnahm, war er verschwunden. Dies ist auch der Schwan, in den Zeus sich verwandelte, um Leda zu verführen. Die Frucht dieser Verbindung waren zwei riesige Eier, denen die Dioskuren Castor und Pollux entsprangen, die das Tierkreiszeichen Zwillinge verewigt. Töchter der Leda waren auch Klytämnestra und Helena, «um deren Schönheit willen tausend Schiffe auszogen und das stolze Ilios dahinsank».

Zeus überlistete auch Nemesis, die finstere Schicksalsgöttin, und verführte sie in Gestalt eines weißen Schwans, als sie sich des Adlers erbarmen wollte, den der Schwan in alle Ewigkeit durch die Milchstraße verfolgt.

Die Sterne

Die hellsten Sterne im Schwan bilden das «Kreuz des Nordens». Deneb, der hellste, markiert den Schwanz, Albireo den Schnabel.

LYRA · Leier

Die Leier wurde von Merkur (griechisch Hermes) aus einer Schildkrötenschale gefertigt und Apollo, dem Gott der Musik und der Weissagung, geschenkt, der sie an den Himmel versetzte. Die Musik der Urvölker ahmt oft den Rhythmus und die Bewegungen von wilden Tieren und Vögeln nach, und das wirft ein Licht auf die Geschichte von Orpheus, zu dem diese Leier gehört. Orpheus, der Sänger, dessen Lied die Macht hatte, alle Geschöpfe zu zähmen, wilde Tiere und sogar die Bäume anzulocken, der Steine und Felsen bewegt und sogar die ehernen Gesetze des Hades überwindet, heiratete die Baumnymphe Eurydike, aber sie wurde bald darauf von einer Schlange gebissen und starb. Untröstlich vor Gram, machte sich Orpheus auf den Weg in das Land der Toten und bezauberte die Wächter der Unterwelt mit dem Klang seiner Leier. Sogar die Furien (griechisch Erinyen) weinten beim Anhören seiner Musik, und Eurydike wurde erlaubt, in das Land der Lebenden zurückzukehren, doch durfte Orpheus sich nicht nach ihr umsehen, um sich zu vergewissern, daß sie ihm folgte. Er hatte aber nicht genug Vertrauen zu Persephone, der Herrscherin der Unterwelt, und als er sich nach Eurydike umdrehte, um ganz sicher zu sein, entschwand sie ihm aufs neue und diesmal für immer.

Er half auch den Argonauten bei der Suche nach dem Goldenen Vlies, indem er mit seinem Spiel den Gesang der Sirenen übertönte.

Orpheus starb eines grausigen Todes. Er wurde bei lebendigem Lei-

59

be von einer Schar eifersüchtiger Frauen zerrissen, weil er nichts von ihnen wissen wollte; sein Kopf sowie die Leier trieben in Kleinasien ins Meer hinaus und wurden auf der Insel Lesbos in der Ägäis an Land gespült. Seiner Leier weihte man ein Heiligtum, während der zwischen Felsen gebettete Kopf ein Orakel wurde.

Orpheus gilt als Kulturbringer und Vater der Mystik; im Hinblick auf seinen gewaltsamen Tod, den Abstieg ins Totenreich und die von ihm gestifteten Mysterien hat man ihn mit Christus verglichen.

Die Sterne

Um 10 000 v. Chr. bezeichnete Wega in der Leier den Himmelsnordpol und war Mittelpunkt des antiken Sternhimmels. Einige der ältesten mesopotamischen und ägyptischen Tempelbauten sollen an ihr ausgerichtet sein. Infolge der Präzession der Äquinoktien ist Wega heute nicht mehr der ruhende Pol des Weltgewölbes. Mit Deneb im Schwan und Atair (Altair) im Adler bildet Wega das große Sommerdreieck, die hellsten Sterne am nördlichen Sommerhimmel.

VULPECULA und ANSER · Füchschen und Gans

Auch Füchschen und Gans sind von dem deutschen Astronomen Hevel (latinisiert Hevelius) erfunden worden, doch kommt die Gans in den modernen Sternatlanten nicht mehr vor.

Zur Lokalisierung

Cygnus und Lyra – Schwan und Leier – sieht man auf der nördlichen Hemisphäre am besten zwischen Juni und Oktober. Am höchsten stehen sie im September, wenn der Schwan fast genau im Zenit steht. Auf der südlichen Hemisphäre sind am Nordhorizont der Schwan im September und Wega im Juni zu sehen.

PEGASUS

Pegasus war der Sohn des Meeresgottes Poseidon und der Gorgone Medusa. Als Perseus das Haupt der Medusa abschnitt, soll Pegasus, dessen Name «Quellen des Meeres» bedeutet, einem Mythos zufolge aus dem Blut der Medusa entsprungen sein, das ins Meer floß. Aus dem Blut der Gorgone sollen auch die Korallen entstanden sein.

Schneeweiß mit goldener Mähne, war Pegasus der Liebling der Musen; denn ein Tritt seiner Hufe ließ den Quell ihrer Inspiration sprudeln. Bellerophon fand ihn eines Tages aus dieser Quelle trinkend und wollte auf ihm gen Himmel reiten, aber ein von den Göttern geschickter Insektenstich machte, daß das Pferd seinen Reiter abwarf, der daraufhin kopfüber durch die Gefilde der Luft in die Tiefe stürzte. So flog Pegasus allein den Sternen entgegen, wo er das Donnerpferd des Zeus und Träger des göttlichen Blitzes wurde.

Die Sterne

Das große Quadrat des Pegasus beherrscht den Herbsthimmel. Der Hauptstern im Pegasus, Markab, «der Sattel», markiert die Schulter des Pferdes.

EQUULEUS · Füllen

Hinter Pegasus steht das Füllen, in dem manche Celeris, den Pfeilschnellen, sehen, ein Bruderpferd des Pegasus, das Merkur (Hermes), der Beherrscher des Tierkreiszeichens Zwillinge, dem berühmten Reiter Castor, dem sterblichen Zwillingsbruder des Pollux, schenkte.

Die Sterne

Das Füllen ist das zweitkleinste Sternbild am Himmel.

Zur Lokalisierung

Blickt man zwischen August und Dezember nach Süden bzw. auf der südlichen Hemisphäre im Frühling nach Norden, so kann man das große Quadrat des Pegasus kaum verfehlen. Hat man es erkannt, so findet man auch leicht Cassiopeia, die Fische und Andromeda.

ARIES · Widder

Aries, der Widder, in der Astrologie das erste Tierkreiszeichen, hängt mit der Morgendämmerung, dem Frühling und dem Beginn des Lebens zusammen.

Die Herkunft des Goldenen Vlieses

Als Merkur (griechisch Hermes), der Götterbote, entdeckte, daß Phrixos und Helle, die Kinder des Königs von Theben, von ihrer Stiefmutter Ino mit Haß verfolgt wurden, entsandte er zu ihrer Rettung einen göttlichen Widder, der wie ein Mensch reden konnte. Die Kinder klammerten sich an sein Fell und flogen auf ihm nach Kolchis. Helle stürzte aber ins Meer und ertrank; nach ihr ist der Hellespont benannt, die Meerenge bei Istanbul. Nach glücklicher Ankunft in Kolchis opferte Phrixos den Widder und hängte das Vlies in einem heiligen Hain auf, wo es sich in Gold verwandelte. Die Geschichte von Jason und den Argonauten und ihrer Suche nach dem Goldenen Vlies wird unter Argo navis (Tafel 32) erzählt.

In der Astrologie gilt der Widder, das erste der zwölf Tierkreiszeichen, als der große Initiator, der die alte Ordnung umstößt und eine neue errichtet, so wie Jason seinen verruchten Onkel beseitigen und das Goldene Vlies gewinnen mußte. Es ist das Zeichen des originellen, schöpferischen, unabhängigen Geistes, und als solcher wurde der Widder denn auch im alten Ägypten, wo er dem obersten Gott Ammon heilig war, ebenso verehrt wie in Griechenland, wo er zu Zeus gehörte. In Israel brachte man ihn Jehova zum Opfer dar. Aber er ist nicht nur das erste Zeichen im Zodiakus, der Wegbereiter und Anführer, er ist auch ein Feuerzeichen, das vom Kriegsgott Mars beherrscht wird. Menschen, die im Sternzeichen des Widder geboren sind, gelten als unerschrocken, romantisch, impulsiv und originell; sie sind immer bestrebt, dem Leben einen neuen Sinn abzugewinnen. Sie können aber auch stur sein, sind unfallgefährdet und neigen zum Jähzorn.

Die Sterne

Als Sternbild des Frühlings und des Jahresbeginns leitete der Widder die Sternenherde über den Himmel. Sein Hauptstern, Hamal, hieß im alten Babylon «Verkünder des Morgens» und «Stern der Herden».

Zur Lokalisierung

Der Widder, auf der nördlichen Hemisphäre am besten im Herbst und im Winter zu beobachten, ist südlich des Äquators ein Frühlingssternbild. Es steht auf dem Zodiakus zwischen den Fischen und dem Stier, unter Andromeda und über dem Walfisch.

MUSCA BOREALIS · Nördliche Fliege

Die Große Fliege ist leider aus den modernen Sternatlanten verschwunden. Man sah in ihr manchmal Beelzebub, den syrischen Gott Baal. Für die Hebräer war es jedoch ein fremder Gott, der deshalb zu einem Teufel wurde, dem Unterteufel des Satans. Die übliche Übersetzung von Beelzebub ist «Herr der Fliegen».

Zwischen dem Widder und den Zwillingen steht der Stier im Zodiakus, der große babylonische «Stier des Himmels», eines der ältesten Fruchtbarkeits- und Machtsymbole. Zu beiden Seiten des Stiers stehen die Helden Perseus bzw. Orion, unter seinen Hufen fließt Eridanus nach unten, dem Südpol entgegen.

Taurus, der weiße Himmelsstier, wurde auf Begehren Ischtars, der barbarischen babylonischen Venus, an den Himmel versetzt. Gilgamesch, der erste Held der Weltliteratur, verschmähte die Gunst der Ischtar; denn er beschuldigte sie, alle ihre Liebhaber, unter ihnen auch Löwen und Pferde, umzubringen. In ihrem Zorn flog Ischtar zum Himmel empor und nötigte ihren Vater Anu, den «Stier des Himmels» zu erschaffen, um Gilgamesch zu vernichten. Das Tierkreiszeichen Stier wird bis auf den heutigen Tag von der Venus regiert.

Zu anderen Mythen um den Stier gehört die Geschichte von Europa, die Zeus in Gestalt eines weißen Stiers verführte. Von Blumen bekränzt, schwamm er mit ihr aufs Meer hinaus und landete an der Küste Kretas, wo Europa Minos gebar, den Vater des Ungeheuers Minotauros. Halb Stier, halb Mensch, wurde er von Minos' Frau empfangen, als die Götter sie mit blinder Leidenschaft für einen Stier schlugen. Im Labyrinth gefangengehalten, nährte er sich von Menschenfleisch, bis der athenische Held Theseus ihn in seinem Versteck aufspürte, tötete und mit Hilfe des Garnknäuels der Ariadne den Weg zurück in die Freiheit fand. In der Tat sind die Mythen um den Minotauros auf Kreta weit älteren Datums und gehen auf eine Zeit zurück, als der Stier der Göttermutter heilig war.

In der Astrologie ist der Stier das erste von drei Erdzeichen und wird, wie gesagt, von der wollüstigen Venus regiert. Hat der Zodiakus mit dem bahnbrechenden Widder feurig begonnen, so gibt der Stier, das Zeichen der im Frühling ergrünenden Erde, dem vom Widder Begonnenen Form und Gehalt und genießt die Freuden dieser Erde.

Der Stier ist ein festes Zeichen, und die Menschen, die in ihm geboren sind, gelten als stetig, zuverlässig, treu und warmherzig. Sie besitzen die ganze Stärke und Ausdauer ihres Symbols, aber sie können auch dickköpfig und von leidenschaftlicher Besitzgier sein.

Die Sterne

Der kriegerische Aldebaran, ein großer roter Riese und Hauptstern im Stier, ist der Stern des Erzengels Michael, einer der alten «Schlüsselsterne des Himmels» und «Wächter des Ostens». Der älteste bekannte Zodiakus ging von ihm aus, und der Aufgang des Stiers im April markierte bei den Babyloniern den Beginn des Jahres. Daher hieß er auch «der Voraussagende» und «Stern der Tafel» und war dem Gott Nabu heilig, der die Beschlüsse der Götter, die sie auf ihrem Frühjahrsrat faßten, auf einer Tafel festhielt. Auch das wichtigste Fest der Druiden begann mit dem Eintritt der Sonne in das Zeichen des Stiers.

Im Zeitalter des Stiers, von 4139 v. Chr. bis 1963 v. Chr., ging die nomadische Lebensweise im Nahen Osten ihrem Ende entgegen. Die Hyaden, die Regen ankündigen, und die Plejaden oder Sieben Schwestern, die gutes Wetter verheißen, waren die Töchter des Titanen Atlas, der die Welt auf seinen Schultern trug und nach dem vielleicht das gleichnamige Gebirge in Marokko benannt ist. In unserem Allerheiligenfest sind noch Spuren eines uralten Totenkultes zu erkennen, der mit dem ersten Aufgang der Plejaden im November verbunden war.

Zur Lokalisierung

Der Stier ist ein einfaches Sternbild, das man im Winter und im Vorfrühling gut erkennt. Man folgt der von Orions Gürtel gebildeten Linie aufwärts, bis man auf Aldebaran, das Auge des Stiers, trifft; es ist umgeben von dem V-förmigen Sternhaufen der Hyaden, die sein Gesicht bilden. Seinen Rücken bedecken die Plejaden. Südlich des Äquators ist diese Konstellation zwischen November und Februar zu sehen.

Castor und Pollux, die Dioskuren, die sich auf dem Zodiakus zwischen dem Krebs und dem Stier befinden, wurden um ihrer geschwisterlichen Liebe willen als Gestirn verewigt.

Zeus verführte, in Gestalt eines blendendweißen Schwans, Leda, das Weib des Tyndareos. Die Frucht dieser Verbindung waren zwei große Eier, deren eines die trojanische Helena und den unsterblichen Pollux (griechisch Polydeukes) enthielt; sie waren die Kinder des Zeus. In dem anderen Ei befand sich der Nachwuchs des Tyndareos, der sterbliche Castor und seine Schwester Klytämnestra, die dereinst ihren Gatten im Bad ermorden sollte.

Castor wurde ein berühmter Reiter, Pollux ein Faustkämpfer, und beide waren unzertrennlich. Sie begleiteten die Argonauten auf ihrer berühmten Fahrt und beschwichtigten das wilde Meer, in dem ihr Schiff zu kentern drohte. Seither sind sie das Glücksgestirn der Seefahrer, und die elektrischen Doppelentladungen in der Takelage, die als Elmsfeuer bekannt sind – benannt nach dem hl. Erasmus, einem syrischen Bischof des 4. Jahrhunderts und Schutzheiligen der Seefahrt –, galten als gutes Omen, das vor Unwetter und Sturm bewahrte. Eine einzelne Entladung jedoch verhieß Unglück, denn das war Helena, die unheilbringende Schwester der Zwillinge, die den Untergang Trojas verursacht hatte.

Aber nicht nur bei Sturm auf hoher See, sondern auch im Krieg rief man die Hilfe der Dioskuren an. 496 v. Chr., im Kampf der römischen Republik gegen die latinischen Truppen am Regiller See, gelobten die Römer, einen Tempel für die beiden Heroen zu errichten, die bis dahin gar keine römischen Gottheiten gewesen waren. Wenige Augenblicke später waren die Zwillinge zur Stelle und führten die römische Reiterei zum Sieg. Am Abend desselben Tages sah man viele Kilometer entfernt, in Rom, zwei in Purpur gekleidete Jünglinge, die an einer Quelle auf dem Forum Romanum ihre weißen Pferde tränkten, und unverzüglich errichtete man ihnen zu Ehren einen großen Tempel.

Castor und Pollux symbolisieren die Dualität des Menschen, das Nebeneinander des Sterblichen und des Unsterblichen in ihm. Sie verbrachten die Nacht abwechselnd im Hades und auf dem Olymp und verkörperten im alten Rom Leben und Tod. Der Ursprung ihres Mythos läßt sich bis zum Euphrat zurückverfolgen.

In der Astrologie sind die Zwillinge ein intellektbetontes Luftzeichen, das vom raschfüßigen, listigen Götterboten Merkur (griechisch Hermes) regiert wird, den niemand einholen oder festhalten konnte. Typisch für dieses Zeichen ist das Quecksilbrige. Wie die Dioskuren, die ihre Zeit zwischen der Düsternis der Unterwelt und den lichten Höhen des Olymp aufteilen, gelten Zwillinge als sprunghaft und ihren Stimmungen unterworfen. Sie sind von einer unersättlichen Neugier, gesprächig und geistreich, aber wenn sie gezwungen sind, sich mit den langweiligen und profanen Seiten des Lebens zu befassen, verlieren sie schnell das Interesse und werden gereizt. Zwillinge sind bestrebt, die Gegensätze in sich selbst zu versöhnen und sich mit der Situation des Menschen, wie sie nun einmal ist, abzufinden. Ihre Domäne ist, wie beim Götterboten Merkur, die Kommunikation.

Die Sterne

Castor und Pollux sind extrem helle Sterne, die nicht nur in Europa und Asien, sondern auch von den australischen Ureinwohnern und von den Polynesiern als Doppelsterne erkannt worden sind. Castor ist ein sehr großer Stern mit einem Begleiter und steht in der Astrologie für Unglück und Gewalt. Pollux dagegen, der rote Riese, der den unsterblichen Faustkämpfer verewigt, verhieß Ruhm und Ehre.

Zur Lokalisierung

Wenn man eine Linie entweder vom Griff des Pfluges (Große Bärin) durch Merak oder vom untersten Stern im Orion durch Beteigeuze an seiner linken Schulter zieht, trifft man auf Castor und Pollux. Das Sternbild Zwillinge ist auf der nördlichen Hemisphäre von November bis April sichtbar, südlich des Äquators von Dezember bis März.

Cancer, der Krebs, der an der Küste des Meeres lebt, wird vom zu- und abnehmenden Mond regiert, der zur Zeit der Schöpfung der Welt im Zeichen des Krebses gestanden haben soll.

Die zweite Arbeit des Herkules war die Tötung der vielköpfigen Hydra, jener scheußlichen Wasserschlange, die im Sumpf von Lerna lebte. Für jeden Kopf, den Herkules ihr abschlug, wuchsen zwei neue nach. In dem Kampf, in dem er die Hydra endlich überwand, standen alle Tiere auf seiner Seite, bis auf den Krebs, der ihn in die Ferse biß; ihn hatte die Feindin des Herkules entsandt, die Götterkönigin Hera. Aber der Mond und das Meer, die Quelle allen Lebens, sind Symbole der Großen Mutter, zu der der Krebs gehört und die es dem Helden verübelt, daß er sich ihrem Bann entziehen will.

Die Sterne im Krebs bilden eine der unauffälligsten Konstellationen am Himmel, «schwarz und ohne Augen»; in der Antike aber war dieses Sternbild von höchster Bedeutung. Man nannte es «Pforte des Menschen»; es war das Tor, durch das die Seelen vom Himmel herabkamen, um in diese vom Mond regierte Welt des unaufhörlichen Wechsels hineingeboren zu werden.

Das Sternbild Krebs ist von jeher als Tier mit harter Schale gedeutet worden. In Babylon war es eine Schildkröte, im alten Ägypten der heilige Skarabäus des Sonnengottes.

Der Krebs ist das vierte Tierkreiszeichen und das erste Wasserzeichen. Als Geschöpfe des Meeresrandes sollen die Krebse unter den Menschen mehr als wohl jedes andere Zeichen Kontakt zu den Quellen des Lebens und dem kollektiven Gedächtnis der Menschheit haben. Ihre Fähigkeit, solche verborgene Weisheit zu erschließen und weiterzugeben, beweisen zahllose bildende Künstler und Schriftsteller, die in diesem Zeichen geboren wurden. Sie sind gute Eltern, und da sie vom Mond und vom Meer regiert werden, haben sie die Begabung, im wörtlichen wie im übertragenen Sinne «Leben zu schenken», so daß die

Pforte des Menschen ein sehr passendes Symbol für dieses Zeichen ist. Den Krebs zeichnen Intuition, Phantasie und Einfühlungsvermögen aus, und man sagt, daß seine Stimmungen wechseln wie die Gezeiten. Weil sie so sensibel und offen sind, verstecken sie sich gern hinter ihrer rauhen Schale und gehen Gefahren aus dem Weg. Wie der Krebs, der Herkules in die Ferse biß, verabscheuen sie Veränderungen und sehnen sich nach der Vergangenheit zurück.

Die Sterne

Der Krebs hat keine besonders hellen Sterne, aber in seiner Mitte den berühmten Sternhaufen Praesepe, «die Krippe», in der vielleicht das Christuskind zur Welt kam – vielleicht, weil es zugleich die Pforte des Menschen war. Mit bloßem Auge erkennt man nur einen undeutlichen Fleck; tatsächlich handelt es sich jedoch um einen der erdnächsten Sternhaufen am Himmel. Wie so viele Sternhaufen in der Astrologie verhieß auch dieser Unglück und Verblendung.

Zur Lokalisierung

Der Krebs ist auf der nördlichen Hemisphäre am besten im Frühling, auf der südlichen im Herbst zu sehen. Er steht westlich von Regulus im Löwen, östlich von Pollux in den Zwillingen und nördlich von Procyon im Kleinen Hund.

Der Große Löwe, der König der Tiere, zu dem heute der Kleine Löwe hinzutritt, war einer der Vier Himmelswächter. Er steht zwischen dem Krebs und der Jungfrau und wird von jeher mit der Sonne und der Sommerhitze in Verbindung gebracht.

LEO MAJOR · (Großer) Löwe

Die erste Arbeit des großen Sonnenheros Herkules war die Tötung des Nemeischen Löwen. Aus Haß gegen Herkules hatte Hera, die Himmelskönigin, ihn vom Mond herabgesandt, und Herkules erwürgte das Untier mit bloßen Händen. Von diesem Tage an trug er das Fell des Löwen, das ihn unbesiegbar machte.

Der stolze, leidenschaftliche Löwe, ein Symbol für Königswürde und männliche Kraft, wurde schon im alten Ägypten verehrt, da zur Zeit der jährlichen Nilüberschwemmung die Sonne in das Sternbild des Löwen trat. Aus der Verehrung der Ägypter für die heiligen, befruchtenden Wasserfluten und für den Löwen, der sie schickte, sind jene vielen löwenköpfigen Brunnen hervorgegangen, bei denen das Wasser aus dem Maul des Löwen schießt.

Manche glauben, daß die Sphinx aus dem Körper des Löwen und dem Kopf des benachbarten Sternbildes Jungfrau besteht, in dem die alten Ägypter die Göttin Isis sahen.

In der Astrologie ist der Löwe ein Feuerzeichen und wird von der Sonne regiert. Er ist das königlichste aller Tierkreiszeichen. Löwen gelten als großmütig, schöpferisch, begeisterungsfähig und warmherzig, aber sie können auch großspurig, herrschsüchtig und dogmatisch sein. Vom Sinn des Löwen für das Theatralische und von seiner Extravertiertheit darf man sich nicht täuschen lassen; denn hinter seinem Auftreten steckt sehr viel mehr als nur Geltungssucht. Der Löwe wird von der Sonne regiert, und sein eigentliches Ziel ist die Selbstverwirklichung. Der Kampf des Herkules mit dem Nemeischen Löwen versinnbildlicht das Ringen um dieses Ziel durch Überwindung der wilden Leidenschaften des Herzens: Nachdem er den Löwen getötet, die ungezügelte Emotion besiegt hat, darf Herkules das Fell des Löwen tragen, das den König auszeichnet.

LEO MINOR · Kleiner Löwe

Der Kleine Löwe ist ein neues Sternbild, das im 17. Jahrhundert geschaffen wurde. Mit ihm sind keine wirklichen Mythen verbunden, doch steht es in einer Himmelsgegend, die im alten Ägypten dem großen Gott Ptah heilig war.

Die Sterne

Regulus, der Hauptstern im Löwen, dessen Farbe als ein «weißrötliches Ultramarin» beschrieben wird, ist in vielen Teilen Europas seit etwa 4000 v. Chr. der Beherrscher des Himmels. Er war bei den Persern einer der Vier Himmelswächter und verhieß Reichtum, Macht und Ehre.

Denebola, der Schwanz des Löwen, war hingegen ein Unglücksstern, der Schmach und Schande brachte. Der Schauer von Sternschnuppen, den man als Leoniden bezeichnet, erreicht um den 17. November sein Maximum. Er kann sich gelegentlich zu einem Meteorstrom auswachsen, bei dem bis 100 000 Objekte pro Stunde niedergehen.

Zur Lokalisierung

Das berühmte umgekehrte Fragezeichen des Löwen beherrscht auf der nördlichen Hemisphäre im Frühling den Südhimmel, südlich des Äquators im Herbst den Nordhimmel.

Die geflügelte Jungfrau, die in der einen Hand einen Palmzweig trägt und in der anderen das Ährenbüschel, das ihren hellsten Stern enthält, wurde in der ganzen antiken Welt als Göttin der Feldfrucht verehrt.

Der Kult der Großen Mutter, die Jungfrau und Mutter zugleich war, reicht bis in vorgeschichtliche Zeit zurück. Seit den Anfängen einer schriftlich überlieferten Geschichte ist er mit dem Sternbild Jungfrau verbunden, durch das die Sonne zur Zeit der Ernte geht.

Virgo ist die alte irakische Göttin Ischtar, die Sternenkönigin, die den Getreidegott Tammuz liebt. Jedes Jahr im Herbst, wenn er in der Blüte seiner Kraft dahingemäht wird, trauert sie um ihn. Winter herrscht auf der Erde, wenn sie in die Unterwelt zieht, um Tammuz zurückzuholen. Danach erscheint er jedes Frühjahr als das junge, frische Grün der neuen Aussaat wieder.

Die Geschichten von Venus und Adonis, von Isis und Osiris und von Kybele, der frühasiatischen Göttin mit der Mauerkrone, und Attis sind Variationen über dasselbe Thema. Da auf dem Zodiakus die Jungfrau auf den Löwen folgt, wird der Wagen der Kybele von Löwen gezogen.

In Griechenland entsprechen ihr sowohl Demeter, die große Erdgöttin, als auch deren Tochter Persephone, die den Winter in der Unterwelt verbringen muß und jedes Jahr im Frühling wiederkehrt. Virgo ist ferner Urania, die Muse der Astronomie, die Apollo, der Gott der Musik und der Weissagung, an den Himmel versetzt haben soll.

Für die Römer war sie Astraea, die Göttin der Gerechtigkeit und der Naturgesetze. Sie war die letzte der Unsterblichen, die die «blutgetränkte Erde» verließen, nachdem auf das Goldene, das Silberne und das Bronzene Zeitalter die Verruchtheit der modernen Zeit mit dem Eisernen Zeitalter gefolgt war. Die Verheißung ihrer Wiederkehr und die zu erwartende Geburt eines Kindes, das das Goldene Zeitalter wiederherstellen würde, machten es den Christen leicht, Virgo als die Jungfrau Maria zu deuten.

In der Astrologie ist die Jungfrau mit der Erde verbunden und wird von dem intellektbetonten Planeten Merkur regiert; beide Attribute erhielt sie schon im 2. Jahrhundert n. Chr. Diese Kombination gab der Vorstellung vom «praktischen Sinn» der Jungfrau Nahrung, und so kam die antike Göttin der Fruchtbarkeit und der Ernte allmählich zur idealen Sekretärin herab, zum pingeligen Perfektionisten, und dieses klassische, aber völlig verkehrte Bild hat man noch heute von diesem Sternzeichen. Die wahre Natur und Bedeutung der Jungfrau verkörpert die matriarchalische jungfräuliche Göttin der Vorzeit, aus der später die christliche Gottesmutter wurde. Die Jungfrau ist nicht ein Symbol der Keuschheit, sondern der Synthese und der Ganzheit. Jungfrau war sie, weil sie unabhängig, frei und selbständig war.

Die Sterne

Der wichtigste Stern in der Jungfrau ist Spica, die Kornähre; an ihm war das berühmte Heiligtum der vielbrüstigen Ephesischen Artemis (in der heutigen Türkei) ausgerichtet. Als Sternbild liegt die Jungfrau auf dem Rücken, die Füße nach Osten ausgestreckt. In der Jungfrau gibt es einen bekannten, rund 70 Millionen Lichtjahre entfernten Galaxienhaufen mit rund 3000 Objekten, die vor allem über Kopf, Schulter und linken Flügel dieses Sternbildes verteilt sind. Der Stern Gamma Virginis, auf unserer Bildtafel zwischen linkem Oberarm und Busenband eingezeichnet, ist Porrima, eine römische Göttin der Weissagung. Der Stern auf dem rechten Arm, Vindemiatrix, «die Winzerin», heißt so, weil sein Morgenaufgang kurz vor Beginn der Weinlese erfolgt.

Zur Lokalisierung

Die Jungfrau steht zwischen dem Löwen und der Waage, südlich des Bootes und nördlich der Wasserschlange. Auf der nördlichen Hemisphäre ist sie am besten im Frühling und Sommer zu sehen, südlich des Äquators im Herbst und Winter. Die Verlängerung eines gedachten Bogens vom Griff des Pfluges (Ursa major) zu Arcturus im Bootes trifft auf Spica in der Jungfrau.

Libra, die goldene Waage, auf der Mitte des Zodiakus zwischen der jungfräulichen Göttin und dem Skorpion gelegen, ist ein uraltes Symbol für Gerechtigkeit, Harmonie und Ausgleich.

Die Römer ließen dieses Sternbild aus den Scheren des Skorpions hervorgehen. Sie wiesen die Waagschalen Astraea zu, der Göttin der Gerechtigkeit, die voller Unmut die Erde verließ und heute als Jungfrau am Himmel erglänzt. In Wahrheit geht das Sternbild etwa auf das Jahr 2000 v. Chr. zurück. Im alten Babylon bezeichnete es nämlich die Zeit, in der die Seelenwägung und das Gericht über die Lebenden und die Toten stattfanden. Zur Zeit der Herbstäquinoktien, wenn die Sonne durch das Sternbild Waage geht, sind Tage und Nächte gleich lang; der Zodiakus, das Jahr und damit die Seele des Menschen befinden sich im Gleichgewicht. Die Waage erstrahlte auch am Himmel des alten Ägypten, aber dann wurde sie aus rätselhaften Gründen von den Astronomen nicht mehr registriert, bis die Sternkundigen in Rom sie neu entdeckten. In der Zwischenzeit deutete man das Sternbild als die Scheren des Skorpions.

Man sah in den Sternen der Waage auch einen erhöhten Altar, der mit dem Turmbau zu Babel in ferner Vorzeit zusammenhing, oder den Leuchtturm zu Alexandria, eines der sieben Weltwunder. Er erschien als große Lampe, die der Skorpion mit seinen Scheren festhielt.

In der Astrologie ist die Waage das zweite der intellektbetonten Luftzeichen, doch anders als die Zwillinge, die vom schlauen Merkur regiert werden, wird sie von der Liebesgöttin Venus beherrscht. Menschen, die in diesem Zeichen geboren werden – dem einzigen nichtbelebten Symbol im Tierkreis –, sollen sich durch innere Ausgeglichenheit und ihr harmonisches Verhältnis zu anderen Menschen auszeichnen; im Zeichen der Venus lieben sie Schönheit und Romantik, und was sie tun, führen sie mit Charme und Gerechtigkeitssinn zum Gelingen. Das Sichverlieben in die Liebe kann jedoch für sie zum Problem werden; denn so wie die eine Waagschale nichts ohne die andere ist, so brauchen sie um sich herum andere Menschen, um sich im Gleichgewicht zu fühlen, und sie werden alles daransetzen, um nicht allein leben zu müssen. Sie gelten als die Diplomaten im Zodiakus, doch kann ihre Fähigkeit, in einer Konfliktsituation beide Seiten zu verstehen, auch zu ewiger Unentschlossenheit führen.

Die Sterne

Der zweitgrößte Stern in der Waage, Zuben Elschemali, ist einer der rein grünen Sterne am Himmel, die auch ohne Teleskop klar zu erkennen sind. In dem runden Muster der ganzen Konstellation sah man auch einen frühzeitlichen kreisförmigen Altar.

Zur Lokalisierung

Die Waage steht im Zodiakus zwischen der Jungfrau und dem Skorpion, nördlich des Centauren und südlich des Kopfs der Schlange. Auf der nördlichen Hemisphäre sieht man das Sternbild am besten im Sommer, auf der südlichen im Herbst und Winter.

Der große Skorpion des Zodiakus steht zwischen der Waage, die früher seine Scheren bildete, und dem Schützen, dem wilden Kentauren, dessen Pfeil auf sein Herz zielt.

Immer wenn im Frühling der Jäger Orion am Westhimmel untergeht, geht sein Feind, der Skorpion, am Osthimmel auf. Denn es ist der Skorpion, der auf Geheiß der Artemis, der jungfräulichen Göttin der Jagd und des Mondes, dem schönen Jüngling Orion den Stich versetzte, von dessen tödlich wirkendem Gift nicht einmal Asklepios, der Gott der Heilkunst, ihn zu retten vermochte. Der Skorpion soll auch die Pferde gestochen haben, die den Sonnenwagen Phaethons zogen, so daß sie sich aufbäumten und am Himmel durchgingen, wodurch Flüsse austrockneten und die Erde verbrannte.

Tatsächlich wurde das Sternbild des Skorpions um 5000 v. Chr. im Tal des Euphrat erfunden, wo der Skorpion dem Gott des Krieges heilig war und als Symbol der Dunkelheit und des Verfalls des schwindenden Jahres galt. Gilgamesch, Prototyp aller unserer Helden, mußte sich einem Skorpion-Menschen stellen, der die Pforten des Sonnenaufgangs bewachte – große Schiebetüren an den Steilhängen der Berge des Ostens.

Der Skorpion wird von jeher von den Seeleuten gefürchtet, da sein Untergang die Herbststürme ankündigte. Für die Alchimisten aber, die glaubten, Gold gewinnen zu können, wenn es ihnen nur gelang, den Geist aus seiner Gefangenschaft in der Materie zu befreien, war der November im Zeichen des Skorpions, wenn die Erde sich zu ihrem Ende rüstet, die Zeit der emsigsten Geschäftigkeit. Nur jetzt konnte der Geist befreit, konnte gemeines Metall in Gold verwandelt werden.

Für die Astrologen des Mittelalters war der Skorpion «die schlimme Quelle von Krieg und Zwietracht»; denn man vermutete in seinem Stachel den Geburtsort seines Regenten, des kriegerischen Planeten Mars. Heute hat der Skorpion astrologisch eine etwas bessere Deutung;

dieses Zeichen symbolisiert Sexualität, Tod, Verwandlung und Wiedergeburt. Regiert wird es von dem machtvollen Planeten Pluto. Skorpione gelten als leidenschaftlich, intensiv, entschlossen und treu; sie haben aber auch eine andere, dunkle Seite, mit der sie selbst zu kämpfen haben, und können, nach dem Vorbild des echten Skorpions, selbstdestruktiv sein, aber auch eifersüchtig, zynisch und rachsüchtig. Die Geschichte von Doktor Faust, dem Skorpion, und dem Spötter Mephistopheles, dem er seine Seele verkauft, zeigt Bitterkeit und Zynismus als Wurzel aller Probleme des Skorpions. Das andere Symbol dieses Zeichens, der Adler, der sich in die Lüfte schwingt, zeigt, welche Höhen der Skorpion erreichen kann, wenn er den Kampf gegen sich selbst gewonnen hat. Der Skorpion ist ein festes Wasserzeichen.

Die Sterne

Der große rote Hauptstern im Skorpion, Antares – «Gegenmars» –, war 3000 v. Chr. einer der persischen Königssterne und ist das chinesische «Herz des Großen Drachen». Wie der andere rote Überriese am Himmel, Beteigeuze im Orion, zeigt Antares Krieg und Kriegsruhm an. Er ist von einem riesigen roten Nebel umgeben, den man mit bloßem Auge nicht erkennen kann. Antares ist 700mal größer und 9000mal heller als unsere Sonne. Nördlich vom Schwanz des Skorpions befindet sich ein bekannter Bewegungshaufen, der schon dem bloßen Auge als verschwommener Fleck von der halben Größe des Vollmonds erscheint.

Zur Lokalisierung

Der Skorpion steht zwischen der Wasserschlange und dem Schlangenträger, die meisten Sterne dieses Bildes sind jedoch auf der nördlichen Hemisphäre nicht zu erkennen. Auf der südlichen Hemisphäre steht der Skorpion im Winter hoch am Nordhimmel.

SAGITTARIUS, Schütze,
und
CORONA AUSTRALIS, Südliche Krone,
mit
MICROSCOPIUM, Mikroskop,
und
TELESCOPIUM, Fernrohr

SAGITTARIUS und CORONA AUSTRALIS · Schütze und Südliche Krone

Der himmlische Schütze, Sagittarius, steht hier mit gespanntem Bogen; sein Pfeil zielt auf Antares, den Hauptstern des Skorpions.

Die Kentauren hatten ihr historisches Vorbild vielleicht in jenen berühmten griechischen Reitern, die als erste echte «Cowboys» ihre auf den thessalischen Ebenen weidenden Rinderherden zu Pferde hüteten. Die griechische Mythologie weiß es anders. Ihr zufolge entstanden die Kentauren aus der Verbindung Ixions mit einer Wolke, die die Gestalt der Himmelsbeherrscherin Hera hatte. Zeus verbannte Ixion zur Strafe für diesen Ehebruch in den Tartaros, wo er an ein unaufhörlich kreisendes, feuriges Flügelrad gebunden ist.

Mit Ausnahme Chirons, der weise und klug war und verschiedene Helden der griechischen Sage in die Mysterien des Lebens einweihte, waren die Kentauren wilde, trunksüchtige und grausame Gesellen, die den Wagen des orgiastischen Weingottes Bacchus zogen und stets auf Plünderung und Frauenraub aus waren. Den Ursprung der Kentauren suchen manche freilich viel früher bei den Gandharvas, den himmlischen Reitern des alten Indien. Corona australis, der Kranz zu Füßen des Schützen, der oft als Krone dargestellt wurde, erinnert an die goldenen Sonnenstrahlen, die von den Köpfen der Pferde ausgingen.

Der Schütze war auch Bestandteil des alten babylonischen Tierkreises, wo er der als Bogenschütze gedachte Gott des Krieges war.

In der Astrologie ist der Schütze das letzte Feuerzeichen und wird von Jupiter regiert, dem großen Glücksplaneten am Himmel. Da er das nächste Zeichen nach dem Skorpion ist, dem Sinnbild des Todes und der Wiedergeburt, gilt der Schütze als optimistisches, zukunftsfrohes Tierkreiszeichen. Jupiter, der König der Götter, stellt den ewigen Geist dar, und so erstrebt der Schütze nichts Geringeres, als den Sinn des Daseins zu finden, weshalb Religion und Philosophie in seinem Leben eine große Rolle spielen. Neue Horizonte locken, und das Leben ist ein Abenteuer, bei dem der Weg fast wichtiger ist als das Ziel. Der Schütze ist fröhlich, geradlinig und offen, er liebt seine Freiheit, aber kann auch ruhelos und verantwortungsscheu sein. Mag er auch keine Zeit haben, sich um lästigen Kleinkram zu kümmern, so zehrt er von der Kraft und Weisheit der Natur und von der instinktiven Tendenz des Kentauren, nach den Sternen zu zielen.

Die Sterne

Den Mittelpunkt unserer Galaxie bildet ein großer Sternhaufen im Schützen an der Grenze zum Skorpion. Diese Himmelsgegend ist besonders dicht mit Nebeln und Sternhaufen bevölkert, die schon mit bloßem Auge zu erkennen sind. Man glaubt heute, daß sich im Zentrum der Galaxie ein riesiges schwarzes Loch befindet, das wahrscheinlich so groß wie tausend Sonnen ist.

MICROSCOPIUM und TELESCOPIUM · Mikroskop und Fernrohr

Beide Sternbilder wurden 1752 von Nicolas La Caille erfunden.

Zur Lokalisierung

Den Schützen findet man, wenn man Antares im Sommer am Nordhorizont aufsucht und dann, auf gleicher Höhe über dem Horizont, den Blick nach Osten lenkt. Auf der südlichen Hemisphäre ist der Schütze im Winter am nördlichen Himmel zu erkennen.

Vor 2500 Jahren erreichte die Sonne bei der Wintersonnenwende ihren Nadir im Zeichen des Steinbocks oder Ziegenfisches. Es ist eines der geheimnisvollsten und ältesten Symbole am Himmel. Denn der Ziegenfisch, in vorbabylonischer Zeit als «Antilope der Wassertiefe» bekannt, ist der Gott Ea, der «Herr der Weisheit» oder des «Heiligen Auges».

Aufzeichnungen aus der Bibliothek des Assurbanipal in Ninive aus der Zeit um 600 v. Chr. geben uns Kenntnis vom altsumerischen Weltbild. Die Erde, eine runde Scheibe, war rings von Bergen umgeben, auf denen das Himmelsgewölbe ruhte. Sie schwamm auf dem süßen Wasser des Urmeers, das in Form von Süßwasserquellen aus der Erde hervorbrach. Euphrat und Tigris, die beiden großen Ströme, die die «Wiege der Zivilisation», die chaldäische Hochebene, bewässerten, entsprangen im Herrschaftsbereich des Ziegenfisches, der Quelle allen Wissens und aller Weisheit. Vor seinem irdischen Palast am Persischen Golf wuchs ein mächtiger Baum, dessen Blätter und Zweige wie Lapislazuli leuchteten und die so viel Schatten warfen wie ein ganzer Wald.

Ea war der einzige der antiken Götter, der immer freundlich und niemals zornig war; ihm ist es zu danken, daß die Menschheit vor der Sintflut gerettet wurde. Die Geschichte, in der er Uta-Napischtim, dem sumerischen Noah, befiehlt, eine Arche zu bauen, hat große Ähnlichkeit mit dem biblischen Bericht über diese große Katastrophe. Auch soll er viermal – mit großen Zwischenräumen – aus der Wassertiefe emporgestiegen sein, um den Menschen die Künste der Zivilisation zu bringen. Wenn er erscheint, tut er es in Menschengestalt, wobei er einen Umhang mit Fischschwanz trägt. Nachdem er die Menschheit belehrt hat, kehrt er bei Einbruch der Dunkelheit in das nasse Element zurück.

Erst in späterer Zeit wurde der Steinbock zu einem Erdzeichen, das man mit dem großen Ziegengott Pan in Verbindung brachte. In der Astrologie wird der Steinbock vom Saturn regiert. Sein Symbol, jenes rätselhafte Geschöpf, das halb Ziege, halb Fisch ist, verrät sehr viel über die Dualität des Steinbock-Charakters. Auf der einen Seite ist er die Ziege, die den Berg des Erfolgs erklimmt: ehrgeizig, vorsichtig, trittsicher und arbeitsam. Auf der anderen Seite, und das wird gern übersehen, ist er der Fisch, der in der Wassertiefe schwimmt, in Fühlung mit dem großen Meer der Seele und viel sensibler, tiefer und introvertierter, als es den Anschein hat.

Da er von Saturn regiert wird, diesem alten, starrsinnigen König, kann der Steinbock streng und moralisierend sein; das ist seine Schattenseite. Er beherrscht die kalte, unfruchtbare Zeit der Wintersonnenwende, wenn die Tage wieder länger werden, und ist damit traditionellerweise das Zeichen, in dem die Sonnengötter und Erlöser wiedergeboren wurden, um das Los der Menschen zu teilen und sie zum Licht zu führen. Von den Steinböcken heißt es oft, daß sie freiwillig ein scheinbar schweres Schicksal wählen, sich sozusagen ans Kreuz der Materie schlagen lassen; aber ihre wahren Motive sind Verantwortungsgefühl gegenüber dem Mitmenschen und tiefes Mitleiden.

Zur Lokalisierung

Der Steinbock steht in jenem Teil des nördlichen Herbsthimmels, der mit dem Meer zu tun hat; hier finden wir auch Aquarius, den Wasserträger oder Wassermann, das Seeungeheuer oder den Walfisch, den Delphin, den Südlichen Fisch und die beiden Fische des Tierkreiszeichens Pisces. Er ist im Frühherbst zu sehen und erreicht am 1. September um 22 Uhr seinen höchsten Stand. Auf der nördlichen Hemisphäre steht er tief über dem Südhorizont. Auf der südlichen Hemisphäre steht er im Frühling hoch am nördlichen Himmel.

AQUARIUS, Wassermann,
PISCIS AUSTRALIS, Südlicher Fisch,
BALLON AEROSTATIQUE, Heißluftballon

AQUARIUS · Wassermann

Aquarius, der Wassermann oder Wasserträger, ist eine der ältesten Konstellationen. Er steht mit einem Fuß auf dem Kopf des großen Südlichen Fisches, in dessen Maul sich das Wasser ergießt.

Über Aquarius weiß man kaum mehr, als daß er das riesige Himmelsgebiet beherrschte, das im alten Babylon «das Meer» hieß. Hier sind der Südliche Fisch, der Delphin, das Tierkreiszeichen Fische, die Wasserschlange Hydra, der Ziegenfisch (Steinbock) Capricornus, der mächtige Fluß der Unterwelt, Eridanus, sowie das Meeresungeheuer Cetus versammelt. Gemeinsam bilden sie die Sternbilder der befruchtenden «Oberen Gewässer» am Himmel, die als Quelle allen Lebens angesehen wurden und durch die die Sonne während der Regenzeit wandert.

Die Gestalt des Wassermanns hat sich seit den frühesten Zeiten nicht verändert; gelegentlich ließ man jedoch das Wasser direkt aus seinen Händen und Armen fließen. In der linken Hand hält er die «Norma Nilotica», einen Maßstab, mit dem man das Steigen des Nilwassers registrierte.

In der Astrologie ist der Wassermann das letzte der drei intellektbetonten Luftzeichen und wird von Uranus regiert, dem Planeten, der auch das kommende Zeitalter des Wassermanns beherrschen wird. Uranus, benannt nach dem altgriechischen Himmelsgott, ist der Erwecker, der Planet, der die plötzliche Veränderung symbolisiert, blitzartige Einsicht und Befreiung, das Einreißen alter Strukturen, um Platz für Neues zu schaffen. Die Menschen, die in diesem Zeichen geboren sind, gelten als originell, einfallsreich und idealistisch und haben eine progressive, humanitäre Lebensauffassung. Sie lieben die

Freiheit und lassen sich nicht gern an die Kette legen, aber sie können auch halsstarrig sein, wenn es darum geht, ihre eigene Meinung zu ändern. Sie sind unkonventionell, können aber auch exzentrisch und rebellisch sein und unter ständiger Hochspannung leben. Ihre sanftere und generösere Seite hat mehr mit dem Gott zu tun, der der Menschheit das himmlische Wasser spendet.

Die Sterne

Der wichtigste Stern im Wassermann ist Sad el Melik, «der Glücksstern des Königs»; er markiert die rechte Schulter des Wassermanns, direkt über dem Krug. Sadalsuud, der «Allerwelts-Glücksstern», liegt auf dem linken Oberarm. Astrologen und Astronomen sind sich nicht einig darüber, wann die Frühlingsäquinoktien das Sternbild der Fische verlassen werden und also das «New Age» des Wassermanns beginnt. Die Astrologen unterteilen den Zodiakus in zwölf gleiche Teile, und nach ihren Berechnungen, die davon abhängen, welcher Stern als Grundlage genommen wird, kann der fragliche Zeitpunkt irgendein Jahr zwischen 1997 und 2200 sein. Nach Ansicht der Astronomen hingegen wird er noch 600 Jahre auf sich warten lassen.

PISCIS AUSTRALIS · Südlicher Fisch

Der Südliche Fisch, heute Piscis austrinus genannt, gilt gelegentlich als Stammvater der bekannten zwei Fische, die das Sternkreiszeichen Fische ausmachen. Er hängt mit dem frühen Gott Oannes zusammen, der den Körper eines Fisches, aber menschliche Hände und Füße hatte. Er ist eine andere Version des Steinbock-Ziegenfisches, der die Menschen bei Tage Künste und Wissenschaften lehrte, die Nacht aber in den Tiefen des Persischen Golfs verbrachte.

Die Sterne

Vor 4000 Jahren war Fomalhaut, der das Fischmaul markiert, in Persien Königsstern und einer der Vier Himmelswächter. Er ist einer der südlichsten Sterne, die von unseren Breitengraden aus zu sehen sind, und sein Kult soll im griechischen Tempel zu Eleusis gepflegt worden sein, wo er im Morgengrauen angebetet wurde. Er verhieß Glück und Macht.

Zur Lokalisierung

Der Wassermann steht zwischen den Fischen und dem Steinbock, unter ihm der Südliche Fisch, nördlich von ihm Pegasus. Am leichtesten zu erkennen sind die von Vincent van Gogh verewigten Sterne, die den Krug des Wasserträgers ausmachen. Der Wassermann ist auf der nördlichen Erdhalbkugel im Herbst, auf der südlichen im Frühling zu erkennen.

BALLON AEROSTATIQUE · Heißluftballon

Dieses Sternbild ist in den heutigen Sternatlanten nicht mehr enthalten. Es wurde 1798 von dem Astronomen Lalande erfunden.

Tafel 27
PISCES, Fische

Die beiden Fische dieses Sternbildes, des letzten Zeichens im Tierkreis, schwimmen in verschiedener Richtung, sind aber durch ein Band miteinander verbunden. Das Sternbild steht zwischen Aries, dem Widder, und Aquarius, dem Wassermann.

Die Fische sind sowohl ein christliches als auch ein heidnisches Symbol. Sie tauchen erstmals in einem frühen Mythos auf, wo sie aus dem Wasser des Euphrat ein Riesenei zutage fördern. Aus dem Ei entstand die Liebesgöttin Atagartis. Sie und ihr Sohn Ichthys, der zugleich ihr Geliebter war, nahmen die Gestalt von Fischen an, und in allen Tempeln gab es heilige Fischteiche. Dieser frühe Fischkult um die Mutter-Göttin und ihren Sohn, der jedes Jahr stirbt und neu geboren wird, hat vieles mit der christlichen Religion gemeinsam, und Christus, der Menschenfischer, der Brotlaibe und Fische teilte, hieß in frühchristlicher Zeit auch Ichthys, was «Fisch» bedeutet.

Das Zeitalter der Fische begann, als die Frühlingsäquinoktien vom Sternbild Stier, in dem sie 2000 Jahre gestanden hatten, in das Sternbild Fische weiterrückten. Dies war ungefähr um die Zeit von Christi Geburt, die heute allgemein auf das Jahr 7 v. Chr. festgesetzt wird. In diesem Jahr trafen sich Jupiter und Saturn an dem Punkt am Himmel, der die neuen Fische-Äquinoktien bezeichnete, und bildeten scheinbar einen einzigen, ungewöhnlich hellen Stern, der in jenen Wintermonaten den Heiligen Drei Königen den Weg von Jerusalem nach Bethlehem gewiesen haben mag.

In der Astrologie sind die Fische ein Wasserzeichen, das von Neptun regiert wird. Von allen Tierkreiszeichen haben die Fische die stärksten mystischen Neigungen, und als das letzte der zwölf Zeichen verkörpern sie die Rückkehr in das große Urmeer, dem einst alles Leben entsprungen ist und in dem alle Grenzen verfließen. Sie sind oft verträumt und unklar, gelten aber auch als freundlich, schöpferisch, intuitiv und sensibel. Durch diese Eigenschaften mögen sie sich selbst

89

sogar in der Rolle des Opfers sehen, aber ihre Fähigkeit zur Einfühlung und zum Mitleiden ermöglicht es ihnen auch, die Erlöserrolle im Fische-Mythos zu verwirklichen.

Die Sterne

El Rischa, «der Strick», ist der Hauptstern dieser Konstellation und markiert den Knoten in dem Band, das die beiden Fische verbindet. Er steht dem Sternbild Widder am nächsten und ist der Punkt jener Planetenbegegnung im Jahre 7 v. Chr., die die Geburt Christi bezeichnet haben könnte.

Zur Lokalisierung

Auf der nördlichen Hemisphäre sind die Fische am besten zwischen Oktober und Dezember zu sehen. Der Stern Beta Piscium, im Kopf des westlichen Fisches, befindet sich unmittelbar südlich vom großen Quadrat des Pegasus. Südlich des Äquators sind die Fische im Frühling zu sehen.

FLUVIUS ERIDANUS · Eridanus

Der Eridanus trägt seinen Namen nach dem Flußgott Eridanos. Er war der Sohn des Okeanos, des großen Stroms der Zeit, der die Erde umgab. Er entsprang auf den zeitlosen Inseln der Seligen, und in ihm fand Phaethon den Tod, als er aus dem Sonnenwagen stürzte. Phaethons Schwestern, die Heliaden, die ihn begruben, wurden in Pappeln verwandelt, und ihre Tränen wurden zu Bernstein, der überall an den Ufern des Eridanos zu finden war. Eridanus, der Fluß der Unterwelt, ist das längste Sternbild am Himmel; es stellte auch den Nil und den Euphrat dar, von denen man einst glaubte, sie seien zwei Arme des einen großen Flusses, der zum Paradies und zum Garten Eden gehörte.

Die Sterne

Der hellste Stern im Eridanus, Achernar, «das Ende des Flusses», ist ein blauer Riese. Er ist der neunthellste Stern am Himmel und rund 120 Lichtjahre entfernt (siehe Sternkarte).

Zur Lokalisierung

Das Nordende des Eridanus fließt vom Rigel im Orion in Richtung Walfisch. Das Südende fließt vom Walfisch hinunter zum Achernar nahe dem südlichen Phönix, der nur südlich von 30° nördlicher Breite zu sehen ist. Auf der nördlichen Hemisphäre ist Eridanus ein spätherbstliches Sternbild; auf der südlichen Hemisphäre sieht man es am besten im Frühling.

CETUS · Walfisch

Die Griechen sahen in Ketos das große Meeresungeheuer, das von Poseidon ausgesandt war, um Andromeda zu verschlingen, das aber von Perseus in Stein verwandelt wurde (siehe Perseus, Tafel 6). Im alten Rom stellte man ein vielbestauntes Skelett aus, das über zwölf Meter lang war und dessen Rippen einen Umfang von fast zwei Metern hatten – angeblich das Gerippe jenes Ungeheuers. Der Walfisch liegt in jener Himmelsgegend, die im alten Babylon «das Meer» hieß. Er soll Tiamat, die Drachengöttin des Urchaos, dargestellt haben, die den Ozean und die Quelle allen Lebens verkörperte. Von Marduk, dem Gott der kosmischen Ordnung, überwunden, ist Tiamat heute, nach 4000 Jahren, sozusagen wieder «auf den Thron erhoben» worden, und zwar von den Vertretern der mathematischen Chaos-Theorie, die seit etwa 1970 ein kreatives Muster in dem scheinbaren Chaos entdeckt haben und im Chaos nicht mehr den «Feind» der Ordnung sehen.

Die Sterne

Auf dem Hals des Meeresungeheuers befindet sich Mira, «die Wunderbare», der berühmteste Veränderliche, das heißt ein Stern, der ständig pulsiert. In der Nähe steht ein Sternhaufen, der bei den Chinesen Himmelskloake hieß.

Zur Lokalisierung

Der Walfisch ist die viertgrößte Konstellation am Himmel und steht südlich der Fische und östlich vom Wassermann (siehe Eridanus).

Die anderen Sternbilder auf dieser Tafel

PSALTERIUM GEORGII wurde zum Ruhme des englischen Königs Georg II. von Maximilian Hell geschaffen und ist aus den modernen Sternatlanten verschwunden. FORNAX CHEMICA, der Chemische Ofen oder Ofen, wurde Mitte des 18. Jahrhunderts von Lacaille erfunden und heißt bei den Chinesen «Zeitliche Kornkammer des Himmels». OFFICINA SCULPTORIS, das Bildhaueratelier, ebenfalls von Lacaille erfunden, heißt heute SCULPTOR, Bildhauer. Die Elektrisiermaschine, MACHINA ELECTRICA, wird in den Sternatlanten nicht mehr geführt.

Orion, der himmlische Jäger mit der goldenen Rüstung, die Keule in der einen und eine Jagdtrophäe in der anderen Hand, erglänzt am Himmelsäquator, durch den sein Gürtel verläuft, die Perlenschnur. Zu seinen Füßen – auf der Tafel nicht abgebildet – befinden sich Lepus, der Hase, und der Hundsstern Sirius in Canis major, dem Großen Hund.

Der Orion der Sage war nicht nur der schönste Mann, den die Welt je gesehen hatte, sondern auch ein Riese von solcher Größe, daß er hocherhobenen Hauptes durch jedes Meer schreiten konnte – falls er nicht gerade mit seinen Hunden die Wälder Griechenlands durchstreifte. Er hat einen zweifelhaften Ruf und gilt bei Seeleuten als böses Omen; denn der Abendaufgang seines schönen Kopfes über dem Osthorizont des Meeres fällt auf der nördlichen Hemisphäre mit dem Beginn der winterlichen Schlechtwetterzeit zusammen.

Die Geschichten, die sich um die Taten des großen Jägers ranken, hängen mit dem jährlichen Auf- und Untergang seiner Sterne zusammen. Seine erste Ehe endete damit, daß seine prahlerische Frau in die Unterwelt verbannt wurde, aber das war erst der Anfang seines vielbewegten Lebens, das er als Gestirn am Himmel beschließen sollte. Seine Blendung durch den eifersüchtigen Vater seiner nächsten Geliebten, einer griechischen Prinzessin, symbolisiert vielleicht den Untergang des Orion am westlichen Frühlingshimmel. Sein jährliches Wiedererscheinen am östlichen Herbsthimmel drückt vielleicht die Geschichte von dem Orakel aus, das ihm verkündete, er müsse nach Osten reisen und in die aufgehende Sonne blicken, um sein Augenlicht wiederzuerlangen. Als er Aurora entgegenblickte, der Göttin der Morgenröte und Mutter der Winde und des Morgensterns, verliebte sie sich in ihn, und Orion, der den ganzen Sommer blind gewesen war, konnte die Welt wieder sehen.

Wenn der Skorpion im Frühling am Sommerhimmel aufgeht, geht

Orion unter, und so war es der Stich eines Skorpions, den Artemis geschickt hatte – die zornige jungfräuliche Göttin der Jagd und des Mondes, die ebenfalls in ihn verliebt war –, der Orion den Tod brachte. Nach seinem «Tod» geht er in der Unterwelt weiter der Jagd nach und wird dann als Gestirn an den Himmel versetzt; neben ihm steht der Hundsstern Sirius. So steht er, mit wiedererlangtem Augenlicht und neuem Leben, am winterlichen Abendhimmel.

In Babylon wurde das strahlende Sternbild Orion als der Gott verehrt, der die Edelsteine erschuf.

Die Sterne

Die rechte Schulter des Jägers markiert der prächtige topasfarbene Beteigeuze, von arabischen Astronomen «Achselhöhle» genannt. Er geht am Herbsthimmel auf, wenn Antares, der rote Hauptstern des Skorpions, der Orion tötete, untergeht. Dieser rote Überriese, der Reichtum, Glück und Kriegsruhm verkündet, fluktuiert in seiner Größe und könnte die gesamte Umlaufbahn der Erde um die Sonne in sich aufnehmen.

Rigel, der Stern der Seefahrer, ist der Fuß des Riesen. Es ist der hellste Stern im Orion und der siebenthellste Stern am Himmel. Es ist ein bläulich-weißer Überriese, dessen Leuchtkraft 57000mal größer als die der Sonne ist. Die linke Schulter Orions markiert der Amazonenstern Bellatrix, «die Kriegerin».

Die drei hellen Gürtelsterne heißen Anilam, Alnitak und Mintaka. Man nennt sie auch die drei Könige aus dem Morgenland, die nach Westen ins Heilige Land zogen, um dem Stern zu folgen, der die Geburt Christi anzeigte. Wie diese drei Könige wandern die Gürtelsterne über den Herbsthimmel nach Westen, in das Sternbild der Fische, in dem jener Stern erschien.

Zur Lokalisierung

Auf der nördlichen Hemisphäre findet man Orion, das hellste Sternbild am Himmel, wenn man im Winter in Richtung Süden blickt. Die drei Gürtelsterne sind beliebte Orientierungspunkte zum Auffinden anderer Sternbilder. Man vergleiche hierzu die Beschreibung des Sternhimmels im Winter auf S. 17. Auf der südlichen Hemisphäre ist Orion, allerdings auf dem Kopf stehend, von Oktober bis März zu sehen.

CANIS MAJOR, Großer Hund,
LEPUS, Hase,
COLUMBA NOACHI, Taube,
und
CELA SCULPTORIS, Grabstichel

CANIS MAJOR · Großer Hund

Der Große Hund folgt seinem Herrn Orion, der den Hasen jagt, auf seinem Jahreslauf über den Himmel. In älterer Zeit war der Hundsstern Sirius wichtiger als der Hund selbst, der mitunter auch «Höllenwächter» genannt wird, «der Wachhund der Unterwelt». Er hängt auch mit Anubis zusammen, dem hundsköpfigen Gott des alten Ägypten, der die Seele nach ihrem Tod auf der «nächtlichen Meeresüberfahrt» begleitet.

Die Sterne

Der Hundsstern Sirius ist der hellste am Himmel sichtbare Stern. Sein Name bedeutet «Bogenstern»; im Hochsommer steht er der Sonne am nächsten. Die heißen, ermüdenden Hundstage, die man Sirius anlastete, dauern vom 3. Juli bis zum 11. August.

Der Hund taucht bereits auf mesopotamischen Tempeln und Grabhügeln auf und wurde in Ägypten bereits seit 3285 v. Chr. verehrt, da Sirius aufging, wenn der Nil über die Ufer trat. In Griechenland sollen die Eleusinischen Mysterien in einer mitternächtlichen Feier die Kulmination des Sirius begangen haben, und die römischen Bauern opferten ihm jedes Jahr einen Hund, um eine gute Ernte zu erflehen. Ein Mythos erzählt, wie zwei verstirnte Liebende, Zulamith der Kühne und Salami die Schöne, einander in die Arme fielen, woraus sich die enorme Größe dieses Sterns erklärt.

Mirzam, «der Vorausgehende», der die Pfote des Großen Hundes markiert, heißt so, weil er kurz vor Sirius aufgeht. Manche sagen, dieser Stern habe auch Isis geheißen, nach der großen ägyptischen Gottheit.

Zur Lokalisierung

Die drei Gürtelsterne im Orion weisen auf den Hundsstern Sirius im Großen Hund, der Orion auf den Fersen folgt. Sirius ist so hell, daß er kaum zu übersehen ist. Auf der nördlichen Hemisphäre sieht man ihn am besten im Winter, zwischen Dezember und März (siehe S. 17 f.), auf der südlichen zwischen November und April (s. S. 22 f.).

LEPUS · Hase

Zu Füßen Orions, des mächtigen Jägers, hockt Lepus, der Hase, verfolgt vom Großen Hund. Seinen Namen erhielt das Sternbild zuerst von den Griechen auf Sizilien, einer Insel, die einst von großen Hasenplagen heimgesucht worden sein soll. Orion ist ein Sonnenheros, während der Hase von jeher mit dem Mond in Zusammenhang gebracht wird. In Japan wird das, was wir als den «Mann im Mond» kennen, «juwelengeschmückter Hase» genannt.

Die Sterne

Die vier hellsten Sterne im Hasen hießen bei den arabischen Astronomen «trinkende Kamele», weil sie nicht weit vom Wasser der Milchstraße standen. Der von Hind entdeckte und beschriebene Stern, der «wie ein Blutstropfen auf schwarzem Grund» ist, gehört zu den rötesten Sternen am Himmel, ist aber nur im Teleskop sichtbar.

Die Taube (es soll die des Noah sein) ist ein modernes Sternbild, das erstmals 1603 in einem Sternatlas auftauchte. CELA SCULPTORIS, heute CAELUM, Grabstichel, genannt, wurde um 1750 geschaffen.

CANIS MINOR, Kleiner Hund,
MONOCEROS, Einhorn,
und
ATELIER TYPOGRAPHIQUE, Druckerei

CANIS MINOR · Kleiner Hund

Der Kleine Hund, der heute auf dem Rücken des Einhorns steht, ist der zweite Jagdhund des Orion. Man verbindet ihn auch mit den Hunden, die den arglosen Aktaion zerrissen, als er Artemis, die jungfräuliche Göttin der Jagd, beim Bad in einem Teich belauschte, und mit dem hundsköpfigen ägyptischen Gott Anubis, dem Seelenführer. Auch war es der Lieblingshund der trojanischen Helena, die für ihn die Unsterblichkeit erflehte, woraufhin er an den Himmel versetzt wurde.

Die Sterne

Der Hauptstern heißt Procyon, was «Vorhund» bedeutet; er geht kurz vor dem Sirius im Großen Hund auf. Es ist ein großer Glücksstern, der bei den Mesopotamiern «Stern des kreuzenden Wasserhundes» hieß, weil er am Himmelsfluß, das heißt an der Milchstraße, liegt.

MONOCEROS · Einhorn

Monoceros, das Einhorn, wurde erst 1690 erfunden, und es verbinden sich keine Sagen mit diesem Sternbild. Jedoch enthält es die beiden massivsten Sterne, die je entdeckt worden sind. Beide weisen jeweils das 55fache der Sonnenmasse auf. Es handelt sich um zwei große blaue Überriesen im Kopf des Einhorns, die sich umeinander drehen und Plasketts Stern heißen.

Zur Lokalisierung

Man zieht eine Linie von Bellatrix, dem linken Schulterstern Orions, zu Beteigeuze, dem rechten Schulterstern, und verlängert sie bis zu Procyon und dem Einhorn. Auf der nördlichen Hemisphäre ist Procyon zwischen November und April am südlichen Himmel zu sehen. Südlich des Äquators steht er zwischen Dezember und April am nördlichen Himmel. Procyon, Sirius im Großen Hund und Rigel, der Stern, der den Fuß Orions markiert, bilden am Himmel einen strahlendhellen rechten Winkel.

ATELIER TYPOGRAPHIQUE · Druckerei

Dieses Sternbild erfand der Astronom Bode um 1800. Heute ziert es die Sternatlanten nicht mehr.

NOCTUA · Eule

Das Sternbild Eule war eine relativ junge Erfindung und ist aus den modernen Sternatlanten wieder verschwunden.

CORVUS · Rabe

Dieser Vogel ist der Rabe des Apollo, der die Gabe der Weissagung besaß. Das silberne Gefieder dieses allsehenden Vogels wurde von dem zornigen Gott schwarz gefärbt, zur Strafe dafür, daß er der Überbringer einer schlechten Nachricht war: Apollos Geliebte Koronis war ihm untreu geworden. Bei den Kelten war der Rabe auch der heilige Vogel des Bran, jenes Gottes, dessen prophetisches Haupt im Tower of London begraben liegt, wo es noch heute von Raben bewacht wird, die der Sage zufolge die Sicherheit der Stadt verbürgen. Zwei Raben, Hugin und Mugin, Sinn und Erinnerung, sitzen auch auf den Schultern des germanischen Gottes Odin und tragen ihm alles zu, was in der Welt geschieht. Zum erstenmal jedoch scheint man ihn im Tal des Euphrat an den Himmel versetzt zu haben, wo er einer der Riesenraben war, die von der drachengestaltigen Chaosmacht Tiamat oder von der Wasserschlange, Hydra, ernährt werden, auf deren Rücken er steht.

Die Sterne

Zwischen Rabe und Jungfrau befindet sich die Sombrero-Galaxie, die wie eine Kreuzung zwischen einem Hut und einer fliegenden Untertasse aussieht.

CRATER · Becher

Im alten Griechenland gehörte Crater, der goldene Becher auf dem Rücken der Wasserschlange, ebenso wie Corvus, der Rabe, zu Apollo, dem Gott der Weissagung und der Dichtkunst, und zu Dionysos, dem ekstatischen Gott des Weines, der, von Kleinasien kommend, mit seinem Gefolge aus Leoparden, Kentauren und Satyrn Griechenland im Sturm eroberte. Man bringt den Becher auch mit dem altindischen «Soma-Becher» und mit dem christlichen Gral in Verbindung.

SEXTANS URANIAE · Sextant

Sextans Uraniae ist ein Sternbild aus dem 17. Jahrhundert. Es wurde nach dem Sextanten benannt, mit dem der berühmte deutsche Astronom Hevel (latinisiert Hevelius) seine Berechnungen durchführte.

HYDRA · Wasserschlange

Die Wasserschlange ist das größte Sternbild am Himmel und stellte in der altbabylonischen Mythologie Tiamat dar, die Drachengöttin des Chaos. Sie war die «Quelle der Brunnen der Großen Tiefe». In China war sie der «Rote Vogel», der die Planeten beherrschte und der zur Zeit der Sommersonnenwende als Symbol der Unsterblichkeit verehrt wurde.

Die Sterne

Hauptstern in der Wasserschlange ist Alphard, «der vereinzelt dastehende Stern».

FELIS · Katze

Dieses Sternbild ist in den heutigen Sternatlanten nicht mehr enthalten. Es wurde von dem großen Astronomen Lalande eingeführt, dem die Sterne sein Leben lang ein Rätsel waren. Als großer Katzenfreund meinte er endlich, nun wolle er auch einmal seinen Spaß haben und die Katze an der «Sternkarte» kratzen lassen.

LUPUS · Wolf

Der Wolf war den Griechen nur als das wilde Tier bekannt, das der Kentaur auf der Spitze seines Speeres den Göttern zum Opfer darbringt. Für die arabischen Astronomen des Mittelalters war das Sternbild Al Asadah, die Löwin, während die ältesten Bewohner des Euphrattales darin Zibu, «das Tier», und Urbat, «das Tier des Todes», oder den «Stern der toten Väter» erblickten.

CENTAURUS · Kentaur

In der Geschichte von dem großen Kentauren Chiron, dem sagenhaften Erfinder der Sternbilder, erkannte sogar Sir Isaac Newton wenigstens einen Kern von historischer Wahrheit.

Anders als die meisten Kentauren, anders auch als der kriegerische Schütze, war Chiron, der «Stifter der Zivilisation», von vornehmem Aussehen, weise und den Menschen freundlich gesinnt. Von Apollo und von Diana erlernte er als erster die Künste der Botanik, der Medizin, der Astronomie und der Musik, und aus den Sternen konnte er die Zukunft lesen. Er war der Lehrer mehrerer griechischer Helden, unter ihnen der junge Achilles, dem er, wie es bei Matthew Arnold heißt, «die Geheimnisse der Götter, der Sterne, der Gezeiten» weitergab, und Herkules, von dem er durch einen vergifteten Pfeil versehentlich verwundet wurde. Aus Angst, seine schmerzhafte Wunde werde niemals heilen, da er unsterblich war, vertauschte er sein Schicksal mit dem des Prometheus, der an einen Felsen geschmiedet worden war, weil er den Göttern das Feuer gestohlen und es den Menschen gebracht hatte, und wurde von dort unter die Sterne versetzt.

Chiron war es, der Asklepios erzog, den griechischen Gott der Heilkunst, und ihm die Geheimnisse aller Arzneien und Heilkräuter verriet (siehe Serpentarius, Tafel 12). In seiner Höhle freundeten sich die Kinder Jason, Herkules, Hylas der Schöne, die Dioskuren Castor und Pollux und Orpheus, der sagenhafte Sänger, an, die später die Argonauten bildeten, und wurden von ihm in den Künsten des Bogenschießens und Singens und in der Wahrheitsliebe unterrichtet. (Zur Geschichte der Argonauten und ihrer Fahrt siehe Argo navis.)

Die Sterne

Alpha Centauri, der Hauptstern im Kentauren, ist nur 4,3 Lichtjahre von unserem Sonnensystem entfernt und der unserer Sonne am nächsten stehende Stern. Eigentlich sind es drei Sterne, aber für das unbewaffnete Auge sehen sie wie ein einziger aus. Alpha Centauri ist der dritthellste Stern am Himmel.

ANTLIA PNEUMATICA · Luftpumpe

Das Sternbild der Luftpumpe wurde 1763 von dem Astronomen La Caille erfunden. Er war der erste, der, vom Kap der Guten Hoffnung aus, den südlichen Sternhimmel aufnahm.

ARGO NAVIS · Schiff der Argonauten

Das ursprünglich riesige Sternbild des Argonautenschiffs zerlegt man heute aus Gründen der Bequemlichkeit in drei Bilder: Carina, Schiffskiel, Puppis, Hinterdeck, und Vela, Segel.

Im alten Ägypten sah man in dieser Konstellation das Schiff, das Isis und Osiris über die Sintflut trug. Seit klassischer Zeit jedoch kennt man es als das große Schiff der Argonauten, und die Geschichte, wie Jason mit Hilfe der fünfzig Argonauten und der Zauberin Medea, deren Wagen von Drachen gezogen wurde, auf diesem Schiff ausfuhr, um das Goldene Vlies zu erbeuten, gehört zu den berühmtesten altgriechischen Sagen.

Jason war von seinem verruchten Onkel, der seinen Thron usurpiert hatte, ausgesandt worden, das Goldene Vlies zu holen, das im fernen Kolchis in einem heiligen Hain hing und von einem Drachen bewacht wurde. Er rief alle seine Jugendfreunde zusammen, die nun zu Helden herangewachsen waren. Das Schiff, das sie bauten, enthielt in seinem Bug einen Zweig von der «tönenden Eiche» des Zeus in Dodona, der sie auf ihren Reisen leiten sollte. Zuerst gelangten sie in ein Land, in dem sechsarmige Erdgiganten lebten; dann kamen sie nach Kleinasien. Hier wurde der schöne Jüngling Hylas, der Freund des Herkules, von den Flußnymphen, die ihn liebten, in einen Brunnen gezogen und ertrank. Herkules suchte die ganze Gegend nach ihm ab und rief nach ihm, aber er konnte Hylas' Stimme nicht hören, weil sie zu schwach aus der Tiefe des Brunnens herauftönte. Als nächstes mußten sie wandernde Felseninseln passieren, die zuweilen im Meer zusammenstießen; danach kamen sie an die Stelle, wo Prometheus angeschmiedet war und von einem Adler gepeinigt wurde, weil er das Götterfeuer gestohlen hatte. In Kolchis angelangt, stiegen sie – durch einen Wald, wo an allen Bäumen Tote hingen – zur Stadt hinauf. Dort begegnete Jason Medea, die sich in ihn verliebte. Sie half ihm, das Vlies zu erbeuten, und floh mit den Argonauten zurück nach Griechenland.

Weil sie aber Medeas Bruder ermordet hatten, um zu verhindern, daß er sie verriet, fanden die Argonauten niemals mehr Frieden, und zehn Jahre später, als Jason sich in eine andere Frau verliebte, tötete Medea aus Wut und Rache alle Kinder, die sie Jason geboren hatte.

Die Sterne

Der wichtigste Stern im Argonautenschiff ist Canopus im Schiffskiel. Es ist ein weißer Überriese, der in der Raumfahrt als Navigationshilfe dient, und ist der zweithellste Stern am Himmel. Er wurde stets mit der Navigation in Verbindung gebracht und ist nach dem Steuermann der griechischen Flotte benannt, die nach Troja segelte. Er starb auf dem Rückweg in der Nähe von Alexandria. Nach ihm heißt nicht nur dieser Stern, sondern auch die heute in Trümmern liegende antike Stadt, wo Nelson die Schlacht am Nil schlug und wo der Astronom Claudius Ptolemäus im 2. Jahrhundert n. Chr. von der Terrasse des Serapistempels aus als erster die Umrisse der antiken Sternbilder festhielt.

Für die Araber war Canopus die Quelle der Farbe in den Edelsteinen. Er wurde in der Wüste heiliggehalten und auch in Ägypten verehrt, wo er den Gott der Gewässer verkörperte und in einer Reihe von Tempeln, die um 6400 v. Chr. erbaut und an ihm ausgerichtet worden waren, am Tag der Herbstäquinoktien den Sonnenaufgang ankündigte. Canopus ist 1400mal heller als unsere Sonne.

Naos im Sternbild Hinterdeck ist mit einer Oberflächentemperatur von annähernd 35000 °C einer der heißesten bekannten Sterne.

Dieses unscheinbare Sternbild wurde 1752 von dem Astronomen La Caille erfunden. Es enthält eine berühmte Nova, einen eruptiven Veränderlichen, der öfter ausgebrochen ist als jeder andere und das auch in Zukunft tun wird.

Zur Lokalisierung

Alle diese Sternbilder sieht man eigentlich am besten von der südlichen Hemisphäre aus, wo sie von Januar bis Mai den südlichen Himmel beherrschen. Auf der nördlichen Hemisphäre sieht man sie gut auf den Breiten Ägyptens und der südlichen Vereinigten Staaten. In nördlichen Breiten sind Wasserschlange, Becher und Rabe leichter zu sehen als das Schiff der Argonauten, das, wie gesagt, auf modernen Sternkarten in die drei eigenen Konstellationen CARINA, Schiffskiel, VELA, Segel, und PUPPIS, Hinterdeck, zerfällt.

Sternlexikon

(Die Zahlen verweisen auf die Bildtafeln.)

a) lateinisch-deutsch:

Andromeda, Andromeda 5
Antinous, Antinous 13
Antlia pneumatica, Luftpumpe 32
Aquarius, Wassermann 26
Aquila, Adler 13
Argo navis, Schiff der Argonauten 32
Aries, Widder 16
Atelier typographique, Druckerei 31
Auriga, Fuhrmann 7

Ballon aérostatique, Heißluftballon 26
Bootes, Bootes 10

Caelum, Grabstichel 30
Camelopardalis, Giraffe 2
Cancer, Krebs 19
Canes venatici, Jagdhunde 10
Canis major, Großer Hund 30
Canis minor, Kleiner Hund 31
Capricornus, Steinbock (Ziegenfisch) 25
Caput Medusae, Medusenhaupt 6
Carina, Schiffskiel 32
Cassiopeia, Cassiopeia 3
Cela sculptoris, Grabstichel 30
Centaurus, Kentaur 32
Cepheus, Cepheus 4
Cetus, Walfisch 28
Columba Noachi, Taube 30
Coma Berenices, Haar der Berenike 10
Corona australis, Südliche Krone 24
Corona borealis, Nördliche Krone 11

Corvus, Rabe 32
Crater, Becher 32
Custos messium, Hüter der Ernte 2
Cygnus, Schwan 14

Delphinus, Delphin 13
Draco, Drache 1

Equuleus, Füllen 15

Felis, Katze 32
Fluvius Eridanus, Eridanus 28
Fornax chemica, Chemischer Ofen 28

Gemini, Zwillinge 18
Gloria Frederici, Friedrichs Ruhm 5

Hercules, Hercules 11
Hydra, Wasserschlange 32

Lacerta, Eidechse 14
Leo major, Löwe 20
Leo minor, Kleiner Löwe 20
Lepus, Hase 30
Libra, Waage 22
Lupus, Wolf 32
Lynx, Luchs 8
Lyra, Leier 14

Machina electrica, Elektrisiermaschine 28
Microscopium, Mikroskop 24

b) deutsch-lateinisch: